安徽改革开放口述史

施昌旺　主编

中共党史出版社

图书在版编目（CIP）数据

安徽改革开放口述史 / 施昌旺主编 . -- 北京 : 中共党史出版社 , 2018.12
（改革开放口述史丛书）
ISBN 978-7-5098-4932-3

Ⅰ . ①安… Ⅱ . ①施… Ⅲ . ①改革开放—历史—安徽 Ⅳ . ① D619.54

中国版本图书馆 CIP 数据核字 (2018) 第 270336 号

出版发行：中共党史出版社
责任编辑：安胡刚
复　　审：吴江
终　　审：汪晓军
责任校对：龚秀华
责任印制：谷智宇
责任监制：贺冬英
社　　址：北京市海淀区芙蓉里南街 6 号院 1 号楼
邮　　编：100080
网　　址：www.dscbs.com
经　　销：新华书店
印　　刷：北京盛通印刷股份有限公司
开　　本：170mm × 240mm　1/16
字　　数：147 千字
印　　张：10
印　　数：1—2050 册
版　　次：2018 年 12 月第 1 版
印　　次：2018 年 12 月第 1 次印刷
ISBN 978-7-5098-4932-3
定　　价：25.00 元

此书如有印制质量问题，请与中共党史出版社出版业务部联系
电话：010-82517197

目　录

安徽农村改革是怎么搞起来的　万　里　/ 1
关于推行家庭联产承包责任制的问题　张劲夫　/ 15
关于家庭联产承包责任制　王光宇　/ 22
包产到户、包干到户的前前后后　王郁昭　/ 26
安徽农村改革的兴起　陆子修　/ 51
凤阳大包干　陈庭元　/ 59
宣城县实行包产到户的情况　朱景本　/ 75
固镇县推行农业生产责任制的经过　陈复东　/ 80
关于家庭承包制的产生与发展　周曰礼　/ 84
安徽农村实行家庭联产承包责任制的一些情况　吴昭仁　/ 101
来安县前郢队分田单干的经过　狄龙江　/ 106
金寨县林业改革的前前后后　郑鸿章　/ 112
肥西县山南公社实行包产到户的经过　汤茂林　/ 117
凤阳县马湖公社推行包产到组、联产联质
　　记工责任制的经过　詹绍周　/ 124
肥西县山南公社推行包产到户责任制的

前前后后　王立恒 / 136
金寨县金桥村林业家庭联产承包责任制　熊登凯 / 142
凤阳县小岗村包干到户的一些情况
严俊昌　严宏昌　严立学等 / 146

后记 / 155

安徽农村改革是怎么搞起来的

万 里

农村第一步改革，也就是平常大家说的包产到户。实践已充分证明，这项改革是成功的。别的不说，先拿市场来讲吧，这些年来市场供应的情况一直不错，吃的、穿的、用的，什么都不缺。特别是农产品和用农产品加工的食品，更为丰富，几乎是应有尽有，想吃什么就有什么。回想一下改革以前，要什么没什么，只能凭证凭票供应。什么粮票、布票，这个票那个票的，连买块肥皂也要票。至于水果，什么香蕉、橘子呀，见也见不到。什么都缺，人们把这种状况叫短缺经济。现在完全变了，短缺变为充足，甚至变为饱和。什么票证也不要了，只要一个票，就是人民币。有了人民币，什么都可以买得到。当然，改革正在深化，需要解决的问题还很多，有些问题还很严重。但是，同人民公社的时代毕竟大不相同了，有了历史性的变化。发生这个变化的关键一条，就是农民有了积极性。几亿农民的积极性提高了，农产品便丰富了，市场供应便充足了。现在外国人到中国来，不管是友好的还是抱怀疑态度的，对这一点都不能不承认，不能不肯定。许多人甚至还表示钦佩，表示羡慕。中国是世界上人口最多的国家，经济基础十分落后，发展又很不平衡，这一点与别的国家不同。按总量计算，我们不少农产品名列前茅，甚至世界第一，但一看“人均”就成了后列。这是大国的好处，也是大国的难处。要保证这么一大家子人有饭吃，而且要逐渐逐渐地吃得稍为好一点，是很不容易的。这在任何时候都是头等大事，决不能有丝毫的麻痹大意。包产到户提高了农民的积极性，使农产品丰富了，这对保证物价稳定，进而保证社会稳定、政治稳定，是个根本性的因素。因此，从人民公社到包产到户不是个小变化，而是个大变化，体制的变化，时代的变化。

过去搞农业社特别是高级社，要求太急，步子太快，形式过于单一，农民不赞成，上面硬要搞，造成“左”倾错误。这些在《关于建国以来党的若干历史问题的决议》里都讲过，你们比我更清楚。后来搞人民公社，更厉害了，简直是强迫农民，以至剥夺农民。农民怎么还会有积极性呢！毛主席是我们的伟大领袖，历史功勋永远不会磨灭。但是，他晚年犯了反右派（扩大化）、“三面红旗”、“文化大革命”三大错误，造成了灾难性的后果。你们可能还记得人民公社化后的三年困难时期，到处闹浮肿病，饿死人。据了解，光安徽省的所谓非正常死亡人口就有三四百万。冰冻三尺，非一日之寒，过去“左”了那么多年，几乎把农民的积极性打击完了。现在要翻过来，搞包产到户，把农民的积极性再提起来，提得比过去更高，这当然不可能那么容易，要有一个历史过程。你们研究党史的，要好好写一下这个历史过程。

我认为这个历史过程，是同“左”倾错误斗争的过程，应当把纠正“左”倾错误作为主线来考虑。农村第一步改革过程中怎样同“左”的错误作斗争，大体有三个回合。

头一个回合是突破学大寨的框框，坚持以生产为中心

大寨本来是个好典型。周总理专门总结过几条，特别是自力更生、艰苦奋斗的精神，应当认真学习，发扬光大。但是，“文化大革命”时期，毛主席号召全国学大寨，要树这面红旗，事情就走到反面去了。

中国这么大，农村的条件千差万别，只学一个典型，只念大寨“一本经”，这本身就不科学，就不实事求是。何况这时学大寨，并不是学它如何搞农业生产，搞山区建设，而主要是学它如何把阶级斗争的弦绷紧，如何“大批促大干”。农村“四清”中，曾提出基层“四不清”干部有走资派做后台，后来又提出官僚主义者阶级的问题、党内资产阶级的问题，逐步形成所谓无产阶级专政下继续革命的错误理论。有些人就吹捧大寨不是生产典型，而是政治典型，是无产阶级专政下继续革命的典型。大寨也自我膨胀，以为自己事事正确，一切正确，一贯正确，把“左”倾错误恶性发展到登峰造极的地步，成为“四人帮”推行极左路线的工具。

我为什么会有这样看法呢？并不是因为我对大寨有什么成见，而是我到安徽工作以后，从农村的实际中逐渐体会到的。

我是在农村长大的，念的是师范，抗日战争时期在冀鲁豫边区打游击，成天同农民打交道，对农民是有感情的。但是全国解放以后，我没有再做过农村工作。南京刚解放时，派我去接管工业；后来到重庆，也是管工业；到中央工作后，管工业交通，管城市建设，也没管过农业。只是 1958 年北京搞人民公社时，我到农村去看过一下，发现搞公共食堂问题很多，回来就提出这种搞法不行。但当时没人听，说也没用，我也不敢太多说了。第二年又去了一次，看到自留地的庄稼比集体种的、比公社种的庄稼要好得多。我看后也发过感慨，当然也没有人听。我的任务不是管农村工作，以后就再也没有管过农村的事了。

1977 年 6 月，党中央派我到安徽去当第一书记。安徽是个农业大省，又是“左”倾错误的重灾区。“四人帮”在安徽的代理人推行“学大寨”那一套“左”的东西特别积极，农村的问题特别严重，农民生活特别困难，我又不熟悉农村工作，所以一到任就先下去看农业、看农民，用三四个月的时间把全省大部分地区都跑到了。我这个长期在城市工作的干部，虽然不能说对农村的贫困毫无所闻，但是到农村一具体接触，还是非常受刺激。原来农民的生活水平这么低啊，吃不饱，穿不暖，住的房子不像个房子的样子。淮北、皖东有些穷村，门、窗都是泥土坯的，连桌子、凳子也是泥土坯的，找不到一件木器家具，真是家徒四壁呀。我真没料到，解放几十年了，不少农村还这么穷！我不能不问自己，这是什么原因？这能算是社会主义吗？人民公社到底有什么问题？为什么农民的积极性都没有啦？当然，人民公社是上了宪法的，我也不能乱说，但我心里已经认定，看来从安徽的实际情况出发，最重要的是怎么调动农民的积极性；否则连肚子也吃不饱，一切无从谈起。粉碎“四人帮”已经一年了，当时党中央的口号还是“抓纲治国”。抓什么纲，还不是“以阶级斗争为纲”，以粮为纲，人民公社一套“左”的东西变本加厉，“左”的错误恶性发展。

定远县严桥公社有个红岗大队，是省里学大寨拔尖的典型。我去一看，庄稼似乎长得还可以，但仔细一了解，所谓“学大寨”实际就是推广“大批促大干”，取消自留地，不准搞家庭副业，推行“大寨式”的“大概工”。最糟糕的是强调算政治账，不必算经济账。庄稼好是化肥催起来的，做样子给上面看的。产量不低，成本很高，农民很苦，还要大搞“穷过渡”。所谓“普及大寨县”，也就是说，不仅农业要学大寨，连工业、财贸、文教、卫生都要学大寨。大寨有什么工业？有什么文化？据说中学生都没有几个，大部分是文盲，怎么值得全国学习？这样学法，只能是越大越公越“先进”，管理越僵化，弄虚作假、强迫命令越严重。我刚到安徽那一年，全省28万多个生产队，只有10%的生产队能维持温饱；67%的队人均年收入低于60元，40元以下的约占25%。我这个第一书记心里怎么能不犯愁啊？而北京有些不了解实际情况的官老爷，还在大喊大叫“把普及大寨县推向高潮”，“决战三年，实现农业机械化”，一再强调这才是中国农业的出路。这不是瞎折腾么！

我下去调查，轻车简从，一般是一部小车，三两个人，事先不打招呼，说走就走，随时可停，直接到村到户。这样才能了解到真实情况，发现了问题再找县委、地委商量解决。那几个月，我不开会，不作指示，不提口号，只是看、听、问。越看越听越问心情越沉重，越认定非另找出路不可。于是，回省便找新调来的顾卓新、赵守一反复交换意见，共同研究解决办法。同时，决定派农委的周曰礼他们再去作专题调查，起草对策。随即搞出了一份《关于当前农村经济政策几个问题的规定》（简称“省委六条”），常委讨论通过后，再下去征求意见修改。经过几上几下，拿出了一个正式“草案”。“六条”强调农村一切工作要以生产为中心；尊重生产队的自主权；允许农民搞正当的家庭副业，产品可以拿到集市上出售；生产队实行责任制，只需个别人完成的农活可以责任到人，等等。现在回头来看，这些都是理所当然，毫不足奇的。但是在“抓纲治国”的时期，这些也成了禁区，成了“唯生产力论”，成了“资本主义尾巴”，要批，要割，要砍。我们的办法是，强调毛主席教导的实事求是，从毛主席亲自主持制订的“六十条”中去找根据。按毛主席的指示办事，这总是应当允许的吧。我们当时的决心是，不管上面那些假、大、空的叫喊，一定要从安徽的实际情况出发，切切实实解决面临的许多严重问题。这样做，受到广大农民的热烈拥护。听传达的人数之多，情绪之高，为多年来所未有，而且奔走相告，连最偏僻角落里的农民也知道了。但“左”的影响确实是年深日久，有些干部满脑子“阶级斗争为纲”，听到“六条”的传达竟吓了一跳。他们忧心忡忡地说：“怎么能以生产为中心呢？纲到哪里去了？不怕再批唯生产力论吗？”

就在1978年初，党中央决定召开全国“普及大寨县”的现场会议。实际上那时候我们已抛弃了“学大寨”的那一套，而且开始用行动批大寨了。我们认定，大寨那一套办法不能够调动农民的积极性，而是压制了农民的积极性，所以不能继续学大寨那一套，而必须改弦更张，用新的政策、新的办法去调动农民的积极性。当前的农业生产力主要是手工工具，靠农民的两只手，而手是脑子指挥的，农民思想不通，没有积极性，手怎么会勤快呢？生产怎么会提高呢？我们不能按全国这一套办，又不能到会上去说，说也没有用。怎么办才好呢？按通知，这个会应该由省委第一把手去，我找了个借口没有去，让书记赵守一代表我去。我对他说，你去了光听光看，什么也不要说。大寨这一套，安徽的农民不拥护，我们不能学，也学不起，当然我们也不能公开反对。你就是不发言、不吭气，回来以后也不必传达。总之，我们不能只看领导眼色行事，必须对本省人民负责，在我们权力范围内做我们自己应该做、能够做的事情，继续坚决贯彻“六条”。在这段时间，新闻界的一些同志比较深入实际。新华社记者、《人民日报》记者为我们写“内参”、写通讯，宣传“六条”，《人民日报》还发了评论，这些都给了我们有力的支持。如果不反掉学大寨“以阶级斗争为纲”那一套，就不可能提出和坚持以生产为中心，这实际是最初也是最重要的拨乱反正，可以说是第一个回合。

第二个回合是突破“三级所有，队为基础”，实行联产计酬，包产到组

安徽的“六条”是在全国学大寨、搞穷过渡的风浪中制订下发的。那年（1977 年）冬天，差不多与安徽“六条”发布的同一时间，中共中央发了个 49 号文件，提出今冬明春要把 10% 的生产队过渡到大队核算。而安徽的“六条”突出的却是：加强经营管理，建立生产责任制，可以组织作业组，可以责任到人；允许和鼓励社员经营自留地和家庭副业；尊重生产队的自主权等。这些都是与“学大寨”和中央 49 号文件精神不一致的。特别是生产队的自主权，是当时农村工作中存在的一个大问题。强调尊重生产队自主权，就是反对瞎指挥。这个问题对农业生产影响太大了。我曾经说过，只要尊重生产队自主权，除掉瞎指挥，就可以增产 10% 以上。这一点，原来在“六条”中经营管理那一条里只提了一句，后来我觉得这个问题太重要了，就建议把它分出来，单独写了一条。生产队的自主权包括：生产的自主权、分配的自主权、劳动力支配的自主权等。作为基本核算单位的生产队，它种什么，怎么种，都要由上面决定；生产的东西，甚至吃多少口粮，也要由上面来规定，那农民还有什么积极性？我感到人民公社实际上是把农民当作“奴隶”了，使他们失去了生产自主权、产品支配权，极大地压抑了农民的积极性。我发现了这个问题，但当时不能公开说，因为人民公社是上了宪法的啊。实践是检验真理唯一标准的讨论后，我发表了点意见。我说，从安徽的实际情况来看，当前主要是如何调动农民积极性的问题，而不是什么机械化问题。这是个最重要的政策问题，农民没有积极性就没有了一

切。“一大二公”、“穷过渡”、“大概分”这一套，不仅不能调动农民生产积极性，相反，恰恰是打击、压抑了农民积极性。要充分调动农民的积极性，就必须在经济上使他们得到实惠，在政治上切实保证他们的民主权利，所以要特别强调尊重生产队的自主权。

“六条”下达后，安徽农村普遍加强经营管理，农业生产责任制有了迅速发展，从不联产到联系产量，于是就提出了个联产承包的问题。不少地方开始划小核算单位，有些地方搞起了包产到组，凤阳县有的地方搞了大包干（到组）。这年秋收以后，许多地方搞了包产到组，极少数地方偷偷地搞了包产到户。群众普遍认为这种办法好，联产承包责任制发展很快。

正当安徽各地农村热火朝天实行联产承包责任制，包产到组迅猛发展的时候，《人民日报》突然发表了张浩来信（编者注：1979 年 3 月 15 日《人民日报》头版头条发表了张浩《“三级所有，队为基础”应当稳定》的来信，并加了编者按。信中说：“现在实行‘三级所有，队为基础’符合当前农村的实际情况，应当稳定，不能随便变更。轻易从‘队为基础’退回去，搞分田到组，是脱离群众，不得人心的。同样会搞乱‘三级所有，队为基础’的体制，搞乱干部和群众的思想，挫伤群众积极性，给生产造成危害，对农业机械化也是很不利的。”编者按还提出：“已经出现分田到组，包产到组的地方，应当正确贯彻执行党的政策，坚决纠正错误做法。”）。那天我在合肥，听到广播后，我说糟糕了，这跟“六条”规定精神相反，是批安徽的。我说得赶快给全省各地打招呼。我给王郁昭（当时的滁县地委书记）打了电话。我说：我们该咋办还咋办，我们已经实行的政策不能变。同时，我们以中共安徽省委名义，向全省各地发出了八条紧急“代电”，要求各地不论实行什么样的责任制，都要坚决稳定下来，集中精力搞好春耕生产。第二天（3 月 16 日）一早，我就出发到下边去了。首先到了皖东的全椒、滁县、定远、嘉山等县，一路上做稳定干部、群众情绪的工作。我一再讲，“责任制是省委同意的，有什么问题省委负责。”“既然搞了，就不要动摇。”经过紧张的、大量的工作，绝大多数地方干部、群众的情绪稳定下来了，但个别县的领导不行。他们不听省委的招呼，跟着那封读者来信干了。

霍邱县三分之一的生产队由联产承包到不联产。结果，周围各县因为搞了联产承包责任制，1979 年普遍比 1978 年大幅度增产；而霍邱县不但没增产，反而减产了 20%。为此，我提出要撤县委书记的职。

凤阳在实行联产承包责任制时搞的是大包干，开始是包干到组。包产到组与大包干到组都是包产到组，但包干到组更简单些，更彻底些。"大包干、大包干，直来直去不拐弯，保证国家的，留足集体的，剩下都是自己的。"《人民日报》发表张浩来信和编者按后，那里是更紧张一些。由于他们听了省委、地委的意见，不但没有变，稳定下来，而且还有所发展，但有些人心里总是犯嘀咕。不久，我到凤阳去考察，县委书记陈庭元说：全县广大干部和农民都热衷于搞"大包干"，张浩来信这股风被大家顶住了，但有些人还有顾虑，主要是干部怕错，群众怕变。他说，现在有人批我们搞"三级半核算"，违反了"三级所有，队为基础"。我说：只要能增产，什么都不要怕，三级半核算也好，四级核算也好，多个半级一级的，有什么了不起，照样是社会主义嘛。家庭也要搞经济核算，那不是五级核算了吗？搞生产，搞经营管理，都必须讲经济核算，不搞经济核算怎么行呢？不要管他们那些。不管哪种形式的责任制，只要能够增产增收，对国家有利，对集体有利，对农民有利，群众愿意，就要坚持下去。这可以说是第二个回合，主要是围绕张浩来信前后的斗争。

第三个回合是突破"不许包产到户"，实行家庭联产承包责任制，给农民充分的自主权

党的十一届三中全会明确废止"以阶级斗争为纲"的口号，强调以经济建设为中心，使中国进入了改革开放的新时期。但是，"左"的思想影响年深日久，还不是轻易可以消除的。新的农业文件，即《中共中央关于加快农业发展若干问题的决定》，作为草案下发试行。这个文件总的说来是很好的，总结了七条经验教训，实际是批判"左"倾错误在

农业方面的表现；又提出许多加快农业发展的政策措施，也是很好的。但是，文件并没有完全消除“左”的影响。在1978年11月讨论文件草稿时，我提出过不同意见。草稿中有“三个可以”、“两个不许”（编者注：“三个可以”，即可以按定额记工分，可以按时记工分加评议，也可以在生产队统一核算和分配的前提下，包工到作业组，联系产量计算劳动报酬，实行超产奖励；“两个不许”，即不许分田单干，不许包产到户），我说，前面三个“可以”表现了解放思想，能放开农民的手脚，我赞成保留；后边两个“不许”不符合这个精神，应当不要。当时负责起草的领导人没有接受我的意见。第二年，在十一届四中全会讨论通过这一文件之前，1979年9月，我又提出两个“不许”是不是可以不要，他们还是不肯听。我为此事去找过耀邦同志，郑重其事地向他提出：“文件中不要‘不许包产到户’了吧！”耀邦说：“他们起草人都不同意。我再去做做工作。”据后来了解，文件正式公布前，紫阳同志根据我的意见，又考虑了反对方面的意见，把两个“不许”改成一个“不许”一个“不要”，即“不许分田单干，除某些副业生产的特殊需要和边远山区交通不便的单家独户外，也不要包产到户”。这一修改使两者有所区别，为包产到户开了个小口子，作为例外。这比原来发的草案当然是个进步，但矛盾并没有完全解决。

“不许”也罢，“不要”也罢，还都是不让搞，可是安徽已经搞起来了。因为在包产到组的同时，少数偏僻的地方已悄悄地搞了包产到户；凤阳在普遍大包干到组的同时，有的村也大包干到了户。对下面这些做法，我都没有表示反对，更没有加以制止，实际上是默许和支持了。在1978年夏秋，安徽发生了百年不遇的大旱，省委决定借地度荒，搞好秋种，诱发了农民对包产到户的积极性。肥西县山南公社群众自发搞了包产到户，省委机关议论纷纷。1979年初，我让省农委派工作组去考察，专门开常委会讨论，决定作为试点，不制止、不宣传、不登报。后来我又两次亲自去山南公社考察，表示支持。至于凤阳小岗的包干到户，开始是悄悄搞的。县委书记陈庭元先发现，帮他们瞒上不瞒下，地委也不清楚。我后来知道了，也是睁一眼闭一眼，去考察时还加以鼓励。安徽与别处不同，20世纪60年代初在全省范围内搞过责任田，广大农民尝过包产到户的甜头，所以上面政策松一点，就发展得很快。在这种情况下，中央文件做了这样的决定，事情就不好办了。我们的这些做法既不符合宪法中规定的“三级所有，队为基础”；也不符合中央文件中的“也不要包产到户”，不得了呀。有些好心的同志向我反映说，有人批评我们既违背宪法，又违背党的决定。怎么办呢？我说，农民赞成，农民一定要搞，那只好硬着头皮顶着吧，反正已经干了，就这样子干吧。党的决定说不要搞包产到户，我不能公开表示反对，但我对他们说，是我同意你们干的，就这么干算了，出了什么问题我来顶着。安徽那一段就是这种“违法乱纪”的情况，实质上反映了农民发展生产力的要求和已不适应旧的上层建筑、旧的规章制度之间的矛盾。

1980 年初我到中央工作，进了书记处，分工管农业，这个难题可大了。当时解放思想的口号很响亮，人们的思想也很活跃，平反冤假错案使人们感到中国有了希望。但是，计划经济体制下形成的思想观念，还是很顽固的。从整个农村工作来看，农民要求改革，有些地区行动比较快，但是，上层领导机关基本上还是推行“农业学大寨”的那一套，对农村改革，特别是对包产到户，抵触情绪很大。我分管农业，依靠原来这套“机器”来开展工作怎么行呢？还有不少省的领导思想也不通。我跟耀邦讲，中央决定中规定不要包产到户，我们支持农民的正当要求，会始终被看作“违纪”“违法”，这样不行啊！是不是先开一次省委书记会，大家通通思想。5 月 31 日，小平同志作了重要讲话，热情赞扬肥西和凤阳的包产到户。此后情况有了好转，但还是吵吵嚷嚷，全国性的争论并没有停止，有些反对的人手里掌着权，他不同意你就干不成。于是，决定 9 月开一次省委第一书记座谈会。

那时候，农业部门的一些领导，认为包产到户破坏了集体经济，阻碍了机械化、水利化，思想很不通。我兼农委主任，农委里思想转过来的也不多。我就抓了个杜润生，他是邓子恢时代农村工作部的秘书长，实际经验多，也有理论水平，又比较善于处理各方面的关系。我就请他来主持起草会议文件，对文件作解释、说明。我的意思是想把“不要包产到户”改为“可以包产到户”或“支持包产到户”。但是，会上争论很激烈，看来通不过。公开赞成比较突出的，一个是贵州的池必卿，一个是内蒙古的周惠，一个是辽宁的任仲夷，这是少数；多数表示沉默，有的还坚决反对。好在当时包产到户已见成效，有说服力的材料很多。经过反复讨论，终于通过一个妥协性的文件，即中共中央〔1980〕75号文件《关于进一步加强和完善农业生产责任制的几个问题》。文件撇开包产到户姓社姓资的问题不谈，大讲包产到户的好处。特别指出："在那些边远山区和贫困落后的地方，长期吃粮靠返销、生产靠贷款、生活靠救济的生产队，群众对集体丧失信心，因而要求包产到户的，应当支持群众的要求，可以包产到户，也可以包干到户，并在一个较长的时间内保持稳定。"同时，文件也指出了包产到户可能出现的问题，强调要认真防止，及时解决。这个文件对广大农民是个很大的支持和鼓励。当时《人民日报》发了一篇长文章，题目叫《阳关道与独木桥》，就是阐述会议精神，为包产到户说好话的，很受农民欢迎。文件正式发下去以后，农民感到理直气壮了，不怕再说他们违背中央决定了。其实，什么叫贫困地区？很难有个标准，你划去吧。最主要的是人心所向，大势所趋，谁也挡不住的。实际上是不管贫困不贫困，都说自己是贫困地区，就都呼呼地搞起包产到户来了。从这里可以看到，人民群众的积极性是非常重要的。共产党的领导，没有群众观点，不了解群众的真正意愿，不尊重群众的要求，是不行的。就这样，包产到户逐渐成了全国性的改革浪潮。

包产到户成为大潮流以后，又出了新的问题。有些地方原来思想不通，后来又撒手不管，集体财产确实受了不少损失。这不怨包产到户，而是工作问题、领导问题。农村不是一条线，而是一大片，与许多部门都有关系，单靠一个部、两个部管不好，没有个强有力的综合性机构不行。中央书记处商量决定，撤销农委，建立中共中央农村政策研究室，同时又是国务院农村发展研究中心，主任都是杜润生，两块牌子，一套人马。主要任务是掌握农村情况，制订农村政策，协调有关农村各领导部门的关系。尽管它只是个研究机构，是个参谋部，不管人、财、物，不直接发号施令，但它受中央委托起草政策性文件，协调各方面关系，实际上起着一定的综合性、指导性作用。我们根据小平同志关于改革要不断了解新情况、解决新问题、总结新经验的指示精神，责成农研室组织调查，起草文件。1981 年冬召开了改革后第一次全国农村工作会议，发了个中央红头文件。会议开得很成功。为了使文件更加完善，我们没有赶时间，反复进行了修改推敲，最后把它作为 1982 年的开年文件，即中共中央〔1982〕1 号文件。

这个文件肯定了包产到户的社会主义性质，称之为家庭联产承包责任制，是一种新型的统分结合、双层经营的农业生产经营体制。文件下达后反响很大，农民特别高兴，说是吃了“定心丸”。1981 年年末召开的全国农村工作会议的文件，作为第二年的 1 号文件来发，并不是事前商量好的，实际上有点偶然性，但农民都认为这是党中央对农业重视的表现。既然这种方式上下都感到不错，我们便每年来一次，了解当年的新情况，总结新经验，解决新问题，年末开个会，年初出个中央 1 号文件。开头是中共中央的，后来是中共中央、国务院联名的，都叫中央 1 号文件。连续五年发了五个 1 号文件，当时是很有名的，对农村改革起了指导、推动作用，后来农民一直念念不忘。1983 年的 1 号文件对包产到户作了很高的评价，说它是“在共产党领导下中国农民伟大的创造，马克思主义关于合作化的理论在我国实践中的新发展”。文件在中央书记处通过时很顺利，有几位曾经不赞成包产到户的老同志都说了话，认为自己原来担心这担心那，看来还是思想解放不够，没有估计到这东西作用这么大。当然也有个别人不吭气，可能心里不那么赞成，但是效果明显，人心所向，也就没有再说什么了。到 1984 年底，全国 569 万个生产队，99% 以上实行了包产到户和包干到户。这可以说是第三个回合，农村第一步改革初步胜利实现。连续几年农业特别是粮食增产幅度很大，1984 年达 8000 亿斤，人均 800 斤，接近世界人均水平。国务院向世界粮农组织宣布，我国已基本上解决了温饱问题。

农村改革任务还很艰巨，包产到户的实现只是开了个头，也可以说，只是把高度集中统一的计划经济体制打开了一个缺口，创造了活力很强的市场经济的细胞。我们当时的想法，主要是贯彻小平同志让一部分人先富起来的方针，发展商品经济。要农村富起来，先得活起来，放开政策，改变以粮为纲的老办法，打破一潭死水的局面，也不必齐步走，谁有本事谁就可以向前跑。新的方针是：“决不放松粮食生产，放手发展多种经营。”农村里能人很多，他们特别积极，不少人成了专业户，有的还办了小作坊、小企业。1984年1号文件已提出要加以支持，不久又发了个4号文件，规定了一些优惠政策，把农民新办的、合伙办的和原来的社队企业，合称为乡镇企业。广大农民和农村基层干部劲头更大了，农村商品经济得到多方面的发展。小平同志很赞许，称它为“异军突起”，也有人说这是中国农民继包产到户之后又一个“伟大的创造”。中国整个经济的发展，乡镇企业的贡献是很大的。

连续五个1号文件，重点只讲农村改革，发展农村经济，没有公开否定人民公社。但实际上，每次讨论文件的会议都在消除“左”的影响，也可以说是一步一步否定人民公社，以求解除人民公社体制束缚农民的枷锁，发挥农民的积极性和创造性。有人说五个1号文件是“尾巴主义”，不过是总结了点农民的经验。其实，这正体现了党的群众路线的传统，从群众中来，到群众中去。有中国特色的社会主义怎么搞？谁知道！还不得“摸着石头过河”。石头是什么？就是实践，就是群众，就是要到实践中去摸群众的意愿、群众的要求。摸清历史的脉搏，历史的趋势。这是我们的传家宝，但长期的“左”倾错误使我们把它弄丢了。农村改革中把它恢复起来。发扬光大，所以搞得比较成功。这是一条十分重要的经验。以后千万不能再丢掉了。

农村第一步改革实现后，改革的重点转到城市，成为城乡一体的整个经济体制改革，问题就更复杂、更困难了。农村改革先行了一步，但毕竟只是整个改革的一个组成部分，许多问题都不是农村本身所能解决的。改革统购统销制度当时议论得很多，研究过种种方案，限于各方面条件，还是只改了一半，成了双轨制，遗留下的弊端不少。农村改革看起来容易，实际上并不容易，斗争非常尖锐，只不过没有公开化，不使它公开化。我们吸取过去的教训，没搞那些“左”的做法，不强制，不压服，而是让大家从实践中受教育，逐步提高自己的思想认识。因为大家长期都受“左”的影响，解放思想不是一下子能完成的。我常在会上说，“左”的思想大家都有，没有有无之分，只有多少之分，多一点，少一点，先觉悟一点，后觉悟一点。这样说，就把大家都解脱了。我们说，允许改革犯错误，不允许不改革；只要你改革，有了错误可以改，允许改。对看不准的事情，比如雇工问题，可以先看一看，经过实践，比较利弊，再作处理。如果在改革中搞阶级斗争为纲那一套，效果肯定不同。这也可以说是领导方法的一种改革。农村改革就是这样搞了五年，连续发了五个 1 号文件，才全部解决，并为农村商品生产的大发展创造了条件，为后来提出建立社会主义市场经济体制奠定了基础。

1988 年我离开国务院到人大，农村工作就交给田纪云同志去管了。他在困难的条件下做了大量的工作，取得了明显的成效，农村改革深化了。但限于种种条件，随着改革全局的发展和变化，步履也更为艰难曲折。我到人大后，对农村工作、农村改革仍然十分关注。1992 年 10 月，我主持人大常委会修改宪法，把现行宪法中关于人民公社的提法删去，改为家庭联产承包责任制，作为农村的基本经营管理体制长期不变。这一建议已在八届全国人大一次会议正式通过。我做的这项工作，为农村第一步改革画上了句号，完成了它的全过程。

（注：1997 年 10 月 10 日，原中共中央党史研究室秘书长魏久明、《百年潮》原记者韩钢等专门采访了万里同志，承他亲切接见，谈了许多农村改革初期的具体情况。在座的还有原国务院农村发展研究中心副主任吴象、《农民日报》原总编辑张广友等。本文由张广友、韩钢记录整理）

关于推行家庭联产承包责任制的问题

张劲夫

关于推行农业家庭联产承包责任制的问题，是党的十一届三中全会后的一项重大改革。全党从中央到地方都在探索，不是一开始就定型的。正如小平同志所说，是“摸着石头过河”。全党全国有一个不断实践、不断认识、不断提高、思想认识不断统一的过程。

对农村干活“大呼隆”、分配一拉平的平均主义、严重挫伤农民积极性的做法，都认为要改变。对人民公社的体制，在中央开会时，我就提过。这种政企不分、政经不分的体制应当改变。

关于农业家庭联产承包责任制，我想分两段谈：

第一段，我到安徽之前。农业生产责任制事关全党全国的大事，我也是十分关心。我在财政部工作期间看到安徽省委搞的“六条”，感到不错。这个“六条”是万里同志在那里主持搞的。

这个文件虽未形成省委的正式文件，但作为试行稿在全省执行了。应当说在当时情况下，能出台这个文件是难能可贵的。它针对农村“大呼隆”、“平均主义”、“左”的思想影响，提出以生产为中心，“组织作业组”，“定额到组，评工到人”，适宜定额的实行计件计酬，男女同工同酬，“允许和鼓励社员经营正当的家庭副业”，等等。这在当时都是很大的突破，在全国也是率先提出的。

赵紫阳同志从四川调国务院工作后，姚依林同志拉着我一道去看他。他长期在省里工作，农村工作熟悉，四川又是搞责任制较早的地方，当时我们就向他提出对包产到户问题的看法。赵紫阳说“两靠一无”的队，即：吃粮靠返销、生活靠救济、集体无财产的生产队，放手让他们搞。不然，国家的包袱太重，负担不起。对生产条件、集体经济较好的队，一定要很慎重。我们都赞成这个意见。

第二段，我到安徽之后。一到安徽，摆在我面前的事很多。但最紧迫的是，我必须调查研究，迅速掌握情况，因我对安徽各方面情况不了解。

我跑遍了安徽所有地、市、县，后来驾驶员对我说，一年跑了一个二万五千里长征（一万多公里）。跑了一些贫困的地方，特别像临泉这样人口多的大县。1975 年大水后，一直没有恢复，群众生活十分困难。县委书记王国真同志很不错，给我如实地汇报了情况，带我们看望了一部分贫困农户，真是目不忍睹。我老伴胡晓凤同志和我一道去的，她都流了泪。我们搞了几十年的革命，群众生活仍这么苦，心里有一种内疚感。后来我向财政部要一笔钱，作为解决临泉群众生活困难的专款。

我认为，农业生产责任制必须搞，搞什么形式的责任制，一定要从实际出发，不能一刀切。不论搞什么形式的责任制，既要考虑眼前利益，又要考虑长远目标。要发挥集体经营和个人经营两者之所长，避开两者之所短。要注意保护来之不易的集体财产，特别是农业机械和水利设施、耕牛、林木。1980 年 3 月，我在蚌埠地、市委书记碰头会上明确表态，各种形式的生产责任制我都赞成，只要“三个收入增加”（国家、集体、个人），都可以搞，都支持。

任何事物都有一个发展的过程。人们的认识也有一个过程。凤阳大包干，开始是包干到组，后来才包干到户。对包产到户的认识，同样也是有一个认识的过程。有些东西文字上写的是一回事，执行起来又是另一回事。比如，大包干的几句话，叫作“保证国家的，留足集体的，剩多剩少都是自己的。”但是，做起来就往往没有集体的。还有包产到户的“五统一”，文字上好写，做起来就很难。我们下去调查，基层普遍反映，“曾希圣多狠，他都统不起来，谁比他还狠”（指 1961 年安徽的责任田，也提出过“五统一”)。围绕这个问题，上下都有争论。有的说包产到户就是分田单干，也有的说包产到户有“五统一”就是社会主义的，等等。因此，我想恐怕没有人敢说，一开始就认识很清，把握很准。因为我们这一代人长期在“左”的影响下生活和工作，批判“三自一包”的影响还未完全消失。什么是社会主义，受到很多条条框框的束缚和禁锢，理论上未弄清楚，实践上还在探索中。

大家可以回忆一下，对包产到户的问题，从中央到地方，开始认识不一，是经过实践逐步统一的。中央 1979 年 9 月 28 日的《关于加快农业发展若干问题的决议》中，提出过“可以，可以，也可以，一个不许。一个不要”。明确指出：“不许分田单干。除某些副业生产的特殊需要和边远山区、交通不便的单家独户外，也不要包产到户。”就省委来说，对包产到户也不是一下子就那么明确。我和万里同志交谈过。他说，包产到户不是方向，我们不提倡，也不反对，有些地方可以同意搞。他还说，当涂县、无为凉亭大队这些农业生产水平较高，集体经济也比较好的地方不要包产到户。他离开安徽前，同分管农业的副省长孟富林同志一次谈话中，也提到包产到户我也不赞成。就我来说，开始对包产到户全面放开搞，心里也没有底。开始我是赞同，对“两靠一无”的和偏僻山区的生产队放手让他们去搞，包产到户也好，分田单干也好，都不可怕。但对芜湖县这样生产条件好的圩区和肥东沿湖地带，可称上“鱼米之乡”的，我不赞成包产到户。我第一次到我的老家肥东县，对县委书记张正炳同志说，古城、八斗岭和我当年打游击相比，没有多大变化。古城、八斗岭可以放开让他们搞，巢湖边可以搞其他形式的责任制。第二次去，他说巢湖边也到户了。我说你说了实话，这很好。但你要做一下调查，这些地方群众为什么也愿意包到户。对芜湖县委书记在粮仓地区积极包到户的事，我在芜湖地、市委书记碰头会上讲过不赞成他的做法，但这位同志毕竟说了真话。我后来给傅大章同志打电话，请他转告这位同志，思想不要有压力，不要受我讲话的影响。对已经搞的，群众欢迎的，应当继续搞下去。当时，也有的同志提出对包产到户要纠正。我不同意纠正。已经搞的，要稳定，不能多变。我认为，我们当时的这些认识，与当时中央的精神是一致的。到了 1980 年

5 月，小平同志肯定了肥西的包产到户和凤阳的大包干，并发明了一个“不争论”，大家的认识才统一起来。大包干也好，包产到户也好，都是群众对长期“左”的思想束缚的一种自发冲破。有人争“发明权”，还是小平同志说的好，“农村改革的发明权属于农民”。

我觉得，农业家庭联产承包责任制是我国农村的一次重大变革，认识上的分歧和先后都是正常的。但在安徽当时倒有一种不正常的现象，就是对持不同意见的同志采取扣帽子、打棍子的做法。对不赞成包产到户的，就扣上“思想僵化”的帽子，甚至以组织的名义逼人家检讨。最典型的是，宣城地委政策研究室副主任印存栋同志在《中国农村工作通讯》上发表了题为《分田单干必须纠正》的文章，逼他检讨，要处分他，甚至背着他，以他的名义写更正。这哪里还有党内正常的民主生活呢！搞的这个同志思想很紧张。我到铜陵，就叫人通知地委书记张健同志，请他和印存栋同志一道到繁昌。我当面和他谈了话，解除了他的顾虑。后来我又给史钧杰同志打招呼，今后不能随便处分人，要处分必须经过我。小平同志针对“文化大革命”破坏了党内民主生活的问题，在十一届三中全会上强调指出：“我们要创造民主的条件，要重申‘三不主义’：不抓辫子，不扣帽子，不打棍子。”“一个革命政党，就怕听不到人民的声音，最可怕的是鸦雀无声。”小平同志的这些指示，对我们创造一个好的民主生活环境，十分重要。

安徽的包产到户发展很快，1980 年上半年为 24%，1981 年 3 月为 70%，我离开安徽前基本全面铺开了。包产到户这种形式，对冲破“左”的思想影响，彻底克服干活“大呼隆”、分配一拉平的弊端，调动农民个人的积极性发挥了重要作用。

包产到户后，我最担心的是集体财产的保护问题。虽然一再打招呼，要求各地注意保护和发挥集体资产的作用，但是损失还是不小。另外我担心的还有几件事：

1. 淮北的井灌。淮北地区是严重缺水区，就其水旱灾害相比较，旱灾损失大于水灾。水灾隔几年来一次，保得好损失小；可旱灾几乎年年发生。而淮北地下水资源比较丰富，埋藏又浅，是淮北地区的重要水源。机井是淮北地区的重要水利设施。水利部门一份材料中写道，普遍实行农业家庭联产承包责任制，因种种原因，造成人为拆分变卖机泵设备，填埋责任田内机井的歪风，使井灌事业遭到严重的破坏。井灌面积由 30.6 万公顷衰减到了 7.8 万公顷，下降了 74.5%。

2. 耕牛的保护。当时我们农业机械不多，主要还是靠“牛大哥”。包产到户后，生产队很难调度，用牛争先恐后。牛吃“派饭”，无专人喂养。轮到哪家就拼命用，歇人不歇牛，牛角上挂灯夜战。造成了一部分耕牛非正常死亡。1980 年，合肥市供销社统计，1 月至 11 月收购牛皮 6475 张，比上年同期增长 70%。特别是 10、11 月两月，收购牛皮 3278 张，是上年同期的 2.46 倍。

3. 森林的保护。1980 年入秋全省许多地方出现乱砍滥伐的歪风。“山外买树成风，山里砍树成灾”。森林一旦遭到破坏，多少年恢复不过来。颍上县小张庄是绿化先进单位，对分不分林有两种意见。支部书记张家顺同志怕分林了，树木保不住。夜里跑到我家，问怎么办？我给他说：（1）你是先进典型，允许你推迟搞。（2）分与不分你召开社员大会，尊重大多数社员的意见。（3）如果要分，水渠、机井不能破坏，树木不能破坏，机械不能破坏，社员一家一户地要相对集中，不能分得太散。为了保护道路两边树木的生长，离树两米以内的土地不要分。要给社员讲清道理，保护树木，不光是美化环境，对减轻淮北干热风的灾害也大有好处。后来听说，他们是推迟近两年才分的。分地不分树，树木保护的很好，并有很大发展，后被联合国评为“全球生态 500 佳”。

集体财产受到损失，有人认为是工作问题，是下面撒手不管而造成的。我认为责任不能推到下面，因为从中央到地方都没有拿出一套有效的管理办法，无章可循。出现这些问题我也痛心。要讲责任，我作为省委第一书记，就要负主要责任。

另外，陈云同志很担心承包到一家一户后，防汛能否有效地组织起来，他叫秘书王玉清同志给我打电话。我说，请他老人家放心，到时候我将采取半军事化的办法组织防汛。我给沿江、沿淮的县委负责同志打招呼，长江破堤，我将引咎辞职，你们这些父母官就得坐班房。1980 年防汛，我负责无为大堤，见到有的县里负责同志发高烧还坚持在大堤上，非常感人。

在推行责任制的同时，我一直在思考两个问题。

一是，如何找到一种既能发挥集体经营优越性，又能调动农民个人积极性的责任制形式？我到河南考察也出于这个目的。

到河南考察随行的有宿县地委施春同志、安庆地委康兆郁同志和宣城地委的钱增同志。叫这三个地委的负责同志去，是因为这三个地方还不是一种形式的生产责任制。还有一部分中间状态的生产队，选择哪种责任制还举棋不定。在蚌埠集中后，我简单地交代了几句：（1）此次到河南考察是奉命考察。（2）农村责任制必须搞，不能再搞“大呼隆”。搞什么形式的责任制，一定要从实际出发，尊重大多数群众的选择，不能一刀切。推行各种形式的责任制过程中，要注意发挥个人和集体的两个积极性。我们这次到河南，看看他们有什么好经验，请大家认真注意研究。

到河南后，刘杰同志全程陪同，既看了豫东贫困地区的包产到户，又看了仍坚持集体的刘庄大队，就是全国人大常委会委员史来贺同志那里，也看到了河南当时占比例最大的“联产到劳”的责任制。这种责任制占全省各种形式责任制的58%。在开封，我和刘杰同志联合接受了《人民日报》记者的采访，在《人民日报》头版头条发表了。标题是：“‘联产到劳’有利发挥集体优越性和个人积极性”。回省后，写了一份考察报告，征求常委意见后，上报了中央领导同志。不久，就得到他们几点批示：（1）安徽包产到户已达75%，成了大头。宜抓紧领导帮助，要使之继续增产，解决新出现的各种问题，并在社会主义总体系下运行。（2）同意劲夫同志看法，中间状态的社队必须找到一种兼取过去集体经营和包产到户二者之长，而避免二者之短的责任制形式。统一经营、联产到劳搞得好，是具有这种效果的一种形式，可以在尚未包产到户的中间社队有步骤地进行。（3）同意就有关问题先在省委常委会进行讨论，尔后和地、县商量进行布置。总之，要因地制宜，分类指导。要注意保护干部和群众的积极性和主动精神。

据说，后来有人说我们这次考察是针对万里同志来的，这纯属毫无根据的瞎说嘛。

二是，农村实行责任制了，是不是就万事大吉了？就能解决农民的富裕问题了？我认为还不行。

我在安徽讲过下面两句话：“农民光靠一亩三分地富不起来。”“安徽光靠一把米富不起来”。

我国最大的国情是人多地少，80% 的人口在农村。安徽农村人口比例更大，高出全国平均数 5 个百分点。农村大量剩余劳动力不能有效地转移，农民就不可能富起来。我在安徽提出农村要大力发展多种经营，大力发展社队企业。陈云同志一次要他的秘书王玉清同志打电话给我，说浙江的多种经营搞得好，要我去和浙江李丰平同志交换意见。我和丰平相约在浙西天目山一处庙里见面，交谈了一夜。省里专门召开了多种经营会议，表彰先进，号召各地要发挥各自的优势，发展多种经营。我找了社队企业局的同志，专门研究安徽社队企业如何发展的问题。从长远看，农业还要走集约化经营的路子，才能提高生产率。

安徽光靠一把米也是富不起来的。安徽是农业大省，过去光满足于一年可以调出几十亿斤粮食。可安徽财力太弱，5000 万人口，20 亿元的财政收入，这个日子怎么过呀！我讲过：“老汉今年六十七，再不发财来不及”。我确有一种紧迫感。我提出安徽必须大力发展工业。努力扩大工业在工农业产值中的比重。发展工业，一方面向中央要求给安徽安排若干个大项目，如石化项目等，我亲自给中央提出这个要求。另一方面要大力发展地方工业。如何发展，根据安徽实际，结合外地经验，我提出“四个为主，一个联合，三个狠抓”。

“四个为主”：以发展轻纺为主；以兴办集体企业为主；以发展中小企业为主；以内涵改造、扩大生产能力为主。

“一个联合”：一方面推进名牌产品、拳头产品、短线产品的联合生产；一方面推进与上海的联合。

“三个狠抓”：狠抓能源增产节约；狠抓轻纺原料生产；狠抓“三材”（水泥、钢材、木材）生产。

与此同时，要求县社工业迈大步。

详细内容，我在安徽都有讲话。

（汪志敏整理）

关于家庭联产承包责任制

王光宇

万里同志任安徽省委第一书记时，安徽的农村工作主要分两个方面。在农业生产方面，省委制定了《关于当前农村经济政策几个问题的规定（试行草案）》（简称“省委六条”），主要一条是加强民主管理，强调以生产为中心，纠正过去“左”的思想，将管理意识拉向民主化。后来在“六条”精神的基础上，又制定了一些具体条例。

1978 年春季安徽省天气干旱，其程度是我记事以来最严重的一次，夏季作物已受影响，秋季作物受灾非常严重，巢湖里的水都干了。粮食方面，午季作物稍有收成，秋季作物如玉米、黄豆等均没有什么收成。当时肥东县八斗岑的群众饮水都是用汽车运去的。到了秋种时期，由于土地干旱严重，粮食作物无法播种，巢湖沿江采用提水方法，用抽水机从长江一级一级地把水提到田里。号召农民尽量播种，能种多少作物种多少。后来又号召采用“三干法”（干地、干土、干下种）播种，老百姓思想不通，他们舍不得把种子干种下去。10 月，种麦时期快过，省委召开电话会议并发出通知，号召灾区采用“借地种麦度荒”，即把土地借给老百姓，规定每人可借两到三分地种麦子。再就是开荒，动员老百姓将“四荒地”（荒地、田边、地边、小片荒地）开发出来种麦子，不计征购任务，收多少都是自己的。当时肥西县山南公社小井生产队老百姓的积极性很高，以“借地度荒”的名义，暗地把相邻两队之间的土地分了，看到工作队没有干预，索性将所有的土地都分了。附近生产队也有的跟着分了。工作队将情况反映到省委，开始省委没有明确指示。1979年2月6日省委召开会议，万里同志在会上说：“对山南公社（肥西）‘包产到户’的问题，同志们谈了很多很好的意见，有些同志对‘包产到户’有看法，不是没有道理，完全可以理解，各种不同的意见都讲出来，以便省委做出正确的决定。”当时我在会上回顾了1961年安徽推行责任田的实际情况，我说：“‘责任田’对恢复和发展农业生产、改善人民生活、克服困难，对扭转形势确实起到很大作用。现在说起‘责任田’，农民非常怀念，他们称‘责任田’是‘救命田’。”我表示可以有领导、有步骤地推行，至少在生产落后、经济困难的地方可以先行。后来省委确定在肥西县山南公社试验，暂不宣传、不登报、不推广，秋后总结再说。如果试验成功当然最好，如果失败没什么了不起，滑不到资本主义道路上去，有办法将它拉回来，即使收不到粮食，省委可以调拨粮食。由于省委在肥西县山南公社搞了包产到户试验点，使得包产到户在肥西县内得到迅速地发展，结果一半以上的队都实行了包产到户。省委有的同志觉得搞这么大不好办，万里同志不动摇。

安徽省凤阳县搞的是包产到组责任制，在组里定产量、定指标。小岗村暗地搞大包干，提出：“上缴国家的，留够集体的，剩多剩少都是自己的”的口号。这样的大包干，保证了国家、集体和个人三者之间利益，有利于生产的发展，1979年3月15日《人民日报》头版头条发表了甘肃省档案局张浩写的读者来信，并加了编者按。在按语中强调当前人民公社实行的“三级所有，队为基础”的制度“应该稳定”，认为“分田到组、包产到组”在政策上有问题，要“坚决纠正错误做法”。省委立即电报指示各地、市、县“所有推行责任制的地区一律不动”。为了避免引起思想混乱，有必要对张浩的来信加以澄清，写了一篇题为《正确看待联系产量的责任制》的来信。在我们的力争下，于3月20日在《人民日报》头版头条发表。《人民日报》还写了编者按，承认发表张浩同志的来信和编者按语，其中有些提法不够准确，今后应当注意改正。这场风波才得以平息，安徽的责任制才被保住。

1980年1月1日，省委召开全省农村工作会议，时间为11天，万里同志在会上讲了三个问题：一、强调继续解放思想，坚持实践第一的观点。他说，责任制进一步落实了按劳取酬的政策，各种形式责任制均是在不同的形式下促进和发展起来的，只要有利于充分调动群众的生产积极性，有利于发展生产，符合群众的意愿，得到群众的拥护，就应当允许试行。二、分清是非，弄清什么是社会主义方向、道路。他说，从实践来看，包产到户原则上不同于“分田单干”，包产到户的生产资料实际上还属于集体，有些地方包产到户或责任制到户都是可以的，前提是“三级所有，队为基础，分配统一”。对包产到户要有全面的认识，整体上说，包产到户对调动群众积极性、提高产量的确起到积极、显著的作用。三、各种形式的责任制都要在稳定的基础上加以完善，加以总结，继续推广。他说，凤阳县采取把对包产到户有看法的人带到现场去参观，让他们实地感受，消除他们的顾虑，效果不错。各种形式的责任制可以并存，不要一刀切。在这个会上我也发了言。1月全省统计，各种形式的责任制占生产队总数的83%，其中实行联产责任制的占45%，不联产（九种形式：包产到组；记产记工、包产到户；超产奖励、减产赔偿大包干、大宗作物统一经营，小宗作物包产到户；动磙子的实行统一经营，不动磙子的实行包产到户；水田实行包产到组，旱田实行包产到户；集体收种，“田管”到户；“口粮田”包产到户；全部作物包产到户等）的占38%，实践证明各种形式的责任制都起到积极的作用。我认为联产责任制优于其他形式的责任制，特别是在抵御自然灾害能力方面，它的优越性更能体现出来。由于有的县领导在认识上处于摇摆、举棋不定状态，所以没有坚持下去或没有推行。相比而言，颍上县搞得比较好。为什么联产责任制优于其他形式的责任制，因为联产责任制将个人、集体的利益联系起来，在保证集体利益的同时，能够满足个人利益，多劳多得，充分调动了群众的积极性，也符合当前的管理形式。山南公社将责任制总结为：“定产到田，责任到户；生产计划，队里做主；使牛用水，全力帮助；收益分配，三者兼顾；执行合同，坚持制度；集体生产，人人爱护；蓄意亏损，法律论处；五保四户，酌情照顾；操心干部，合理补助。”5月31日，小平同志关于《农村政策问题》的讲话中说：“安徽肥西县绝大多数生产队搞了包产到户，增产幅度很大。‘凤阳花鼓’中唱的那个凤阳县，绝大多数生产队搞了大包干，也是一年翻身，改变面貌。”

安徽省在推行责任制时，省委领导之间意见产生分歧。一些同志对责任制持不赞成态度，支持那些没有推行责任制的县，常常在常委会上为此争论。那时我在中央党校学习，听说在巢湖和芜湖开的两次会上争论得比较激烈。所以有的县责任制推行得很晚，如庐江县。推行责任制的地区与没有推行责任制的地区之间的差别通过当年双季稻的收成就反映出来了，如：桐城县推行责任制比较早，晚稻收成非常好。庐江县没有推行责任制，晚稻几乎没有收成。当时庐江县委书记叫金钟。当地老百姓有个顺口溜是“不管金钟或银钟，团结起来向前冲。”一天一夜把地分掉了。8 月，我从北京学习回来，省里还有部分县没有实行责任制。

省委召开地、市委书记会议，讨论责任制问题时，宣城地委书记张建同志说：“现在没有办法和老百姓讨论推行哪种形式的责任制，一讨论，老百姓就轰上来了，老百姓要求搞责任制的积极性很高，县里领导没办法控制。”巢湖地委书记说：“不能再搞‘左’的东西，只有搞责任制。”我虽然也持赞成意见，但在当时场合我也没有明确表态。

春节前夕，张劲夫同志对我说：“我不回北京了，我准备去河南过节，学学他们的经验。另外，要我去搞治理淮河的材料”。我说：“你去搞材料可以，但去同他们谈可能很困难。”他从河南没有回省委，直接去淮北市，后来又转到滁县地区。从滁县回来后，他写了个报告给省委，直接交给我。我同农委的几个同志商量后，向劲夫同志汇报说：“你的报告建议在《农村工作》刊物中全文刊登”，他同意了。后来印成单行本发行到全省。

安徽责任制的推行，经历了风风雨雨，坚持下来很不容易。责任制不仅推动了安徽省的农业改革，还促进了安徽省城市小工业的改革，同时也推动全国的农村改革。

（方晔整理）

包产到户、包干到户的前前后后

王郁昭

我原是在大学从事领导工作的，“文化大革命”中受迫害，被关进牛棚受批斗，后来全家下放到农村当社员。1970年3月，省委重新起用我，被安排到滁县地区（现滁州市）全椒县当了县官，从此走上从政之路，对我一生来说是一大转折。1975年，我调到滁县地委工作，先后任地委副书记、革委会主任、书记。

刚到全椒县时，老百姓疑惑地说来了个文人，不懂农业，能搞好吗？当时的全椒县是全省有名的“老大难”，省委领导对我寄予很大期望，提醒我要注意抓好农业。因此，我决心一定要把农业抓好。之前，我曾在省科委工作过三年，分管过农业科技，现在正好派上了用场。

在全椒工作的几年中，农业上我主要抓了两个方面的工作。一是狠抓科学种田、农田水利建设，主要抓品种改良，推广矮秆稻，搞薄膜育秧，推广小苗带土移栽等。在不到三年的时间里，全椒的粮、油、棉都有很大的发展，三年跨了三大步，成为全省学大寨先进县。二是注重落实党在农村的经济政策，抓按劳分配，搞清仓查库，整顿干部作风，尽量使老百姓能多分配一点，增加收入，调动群众的积极性。实质上我们的农村改革从那时候就开始了。我觉得党的农村经济政策的核心就是按劳分配，但是人民公社那种体制根本实现不了按劳分配。那时是以生产队为单位记工分，搞“底分制”，干好干坏一个样。上工一条线，下工一窝蜂，妇女纳鞋底，男的打扑克。当时我就搞清理工分，搞清账查库，同整顿干部作风结合起来，反对多吃多占、贪污挪用，老百姓积极性很高，具体做法是，每年秋后，县里以区为单位，组织公社、大队、生产队干部办学习班，进行小整风。一方面对一年来的工作进行认真总结，表现先进查找不足；一方面清理财务，清仓查库，坚持以正面教育为主，对犯有多吃多占和一般错误的只要进行了检讨，退赔了，得到群众的谅解后，还可以继续当干部。然后，在这个基础上，认真抓好年终分配和兑现落实。这样做群众满意，使干部受到了一次很好的教育。由于效果很好，省里还专门在全椒县开过经验交流会。

1975 年 2 月，我调到滁县（滁州）任地委副书记、地区革委会主任。到地区后，我就把在全椒的做法推广到滁县地区，推广科学种田，落实党的农村经济政策，强调按劳分配，调动农民生产积极性。

1977 年春，围绕落实农村经济政策中存在的问题，地区组织了 394 名熟悉农村工作的干部组成 115 个调查组，历时 80 多天，对全区 401 个不同类型的社、队进行一次大型的调查，写出了 130 多篇调查报告。同年 5 月，我们在定远县召开会议，交流汇报调查情况。适值当时的省委第一书记奉中央指示到大庆参观，路过定远时到红岗大队视察，这个大队是他亲自抓的学大寨联系点。我就赶过去向他汇报了会议情况。他说：“现在是抓纲治国、大干快上，搞什么政策呀！”我请他在会上讲话，着重讲了“现在是抓纲治国、大干快上时期，不能用现行政策抵制大干快上。”他走后，我们继续开会，研究贯彻落实农村经济政策问题。在这次调查研究的基础上，我们写了《关于落实党在农村经济政策的调查情况和今后意见》，上报省委。

1977 年 6 月，中央改组安徽省委领导班子，万里任省委第一书记。万里到安徽后，看到滁县地委的报告后，迅速作了批示：“滁县地委组织力量深入群众，对农村经济政策认真进行调查研究，这是个好的开端，这个问题，很值得引起各地重视。报告所提的意见，可供各地参考”，批转全省各地、市委。这也是万里到安徽省委后批转的第一个文件。

万里到安徽后，立即采取果断措施，撤走部队“支左”人员，全省近千名“支左”部队干部仅用一周的时间就全部撤回。8 月 1 日，我参加了省委召开的庆祝八一建军节大会。省委书记顾卓新对我说：“你们地委搞的调查报告万里批了，你回去后从一百多篇调查报告中选二三十篇，印成一本书发给全省。”回到地区，我就选了 20 多篇，编成《滁县地区关于落实党的农村经济政策调查》一书，在全省引起很大反响。

这时，万里等省委负责同志深入各地进行调查研究，了解了许多真实的情况，认识到农村工作的核心问题是如何制定正确的政策，充分调动农民的积极性，把生产搞上去。在深入广泛的调查研究基础上，11 月上旬，在滁县地委报告的基础上，起草制定《中共安徽省委关于当前农村经济政策几个问题的规定》（简称“省委六条”）。经全省地、市、县委书记讨论修改后，于 11 月下旬公布，在全省贯彻执行。1978 年 2 月 3 日，《人民日报》农村部部长姚立文在《人民日报》一版显著位置发表题为《一份省委文件的诞生》的通讯，详细介绍了“省委六条”的诞生过程，《人民日报》还加了编者按。“省委六条”的颁布，正式拉开了安徽农村改革的序幕。

1978 年全省出现百年不遇的大旱，赤地千里，很多地方人畜饮用水都发生困难。1978 年 9 月，地委召开地、县、区、公社四级干部会，布置生产自救和秋耕秋种。这时候，全国关于真理标准问题的大讨论已经开展了几个月，大家的思想比较解放，会议的气氛比较活跃。小组讨论时，有的公社书记尖锐地提出：“我们一个公社上不去，两个公社上不去，为什么全区 240 多个公社都上不去？难道我们这些公社书记都是笨蛋吗？”他们强烈要求地委放手让下面干，干好了不求有功，干坏了自动下台。我觉得他们讲得很有道理，就鼓励他们继续讲，有什么讲什么。结果讲出了三个典型，一个是来安县烟陈公社杨渡大队魏郢生产队，偷着搞了“定产到组、以产计工”的管理办法，也就是包产到组，在大旱之年粮食产量由原来的 8 万多斤一下子增长到 12 万多斤，增长 30%。第二个典型是天长县新街公社，由于天大旱，棉花苗面临着枯死的危险，公社决定把棉花包产到户，超产奖励，减产赔偿，有效地调动了老百姓积极性。为了抗旱保苗，老百姓连洗脸、刷牙的水都浇到棉花地里，结果大旱之年棉花增产 89.6%。第三个典型是来安县广大公社，搞了干部岗位责任制，年终时按各项生产指标实行奖罚，大旱之年这个公社全面增产。这些办法在当时都是被禁止的，只能在暗中实行，因此，我们称之为“三个秘密武器”。

会议结束后，我有事到合肥，住在稻香楼宾馆。万里得知我在合肥，就找我了解农村情况。我汇报了滁县地区抗旱情况，并介绍了上面提到的“三个秘密武器”，万里对这三个典型很感兴趣，让我把三个典型材料作详细调查报告省委。我回去后，同办公室主任陆子修到魏郢调查，新华社记者张广友到广大公社调查，新街公社的做法，我们委托天长县政策研究室进行调查。三个调查报告写好后迅速上报省委。不久接省委办公厅通知，万里说可以在全地区进行试点。滁县地委于 10 月 20 日发出 96 号文件，将三个报告批转全区，要求各县先在一个大队或公社进行试点。地委 96 号文件下发后，影响很大，各县纷纷打报告，要求扩大试点范围，不是试点的社队也自发地搞起来了。在试点中，凤阳县有的地方搞了包干到组。凤阳县是全省乃至全国有名的“生产靠贷款、吃粮靠返销、花钱靠救济”的“三靠县”，农民生活异常贫困，一批批老百姓不得不背起花鼓，外流卖艺乞讨。1978 年春节前，省里分管农业的书记王光宇在凤阳县委书记陈庭元陪同下，到凤阳县梨园公社前王生产队搞调查，下车一看，确实穷得不像样子。有几户连门都没有，用高粱秆子编扎一个门，遮风避雨。有的家里连板凳也没有，床是用土坯支起来的，上面也没有像样的被子，就一堆破被絮，全队只有一头耕牛。社员史成柱，一家老少十口人挤在三间露天的草房里，屋子中间支了一个土灶，全家人就围着这个灶转。社员们也不干活，冬闲田一分没翻。王光宇很着急，就找来铁锹，和陈庭元一起去挖地，按说干部带头了，大家也会跟着一起干，但是老百姓们根本不理他们，就围在边上看热闹。结果，由于用力太猛，突然有一把本来就不结实的锹把子断了。看后，光宇同志心里很不是滋味，临走时他关照陈庭元：“一定要想办法叫社员过年吃上饺子。”后来，县里买了一些面粉大米和猪肉，让群众吃上春节饺子，发了一批救济粮，还买了一些棉被和一台手扶拖拉机。接着县里在队里召开会议，由群众讨论，决定推行包产到组的生产责任制，稳定群众情绪，增加信心，搞好春耕生产。

最早搞包干到组的是凤阳县城南公社岳林大队岳北生产队。当时该队分成四个作业组，年终分配时，小组在交了国家的任务和集体的提留后，剩下的都归自己分配。因此，老百姓积极性都很高。凤阳县委认为这个办法很好。我同陈庭元到岳北生产队检查工作时，这个队的会计详细汇报了他们的做法。经同陈庭元等同志研究认为，他们的做法是：交了国家的，留了集体的，剩下都是自己的，这不就是“包干”了吗？干脆就叫“大包干”吧！这就是“大包干”一词的由来。由于群众积极性很高，1979 年 3 月，全区实行包产到组、包干到组联产计酬的生产队达到生产队总数的 68.3%。“双包到组”责任制的推行引起激烈争论，省里不少人对我们有看法，说王郁昭在滁州搞“复辟”，把安徽搞乱了。全国各地的记者纷纷到滁州采访，有一次，新华社一下子来了国内部、国际部、社教部、摄影部等 12 个部的主任，在省分社张万舒的陪同下，来到凤阳县岳北生产队，当时正是星期天，就在小学的教室里召开干部、群众座谈会，向他们介绍了包干到组的做法、性质、特点、作用，回答了他们的提问。12 位部主任有 11 位表示赞成，只有一位持保留态度。

1979 年 1 月，省里开农村工作会议，农业部一位副部长参加会议，万里主持会议。一天晚上，会务组通知我，说这位农业部副部长要我到稻香楼汇报农村情况（当时滁县地区的代表住在省军区招待所），谈到 10 点半钟，我准备回军区招待所，因为省军区规定 11 点钟关门。他说，接着谈，我给你在这找地方住下，于是，我们一直谈到夜里 1 点多钟。他对我讲的情况很感兴趣，说我讲得很生动、具体，他从中学到不少新东西。后来才知道他是在套我的话，回到北京后，就开始对安徽的包产到组进行大批判。

1979 年 3 月，国家农委在京召开七省三县农村工作座谈会。安徽省农委副主任周曰礼和全椒县委书记王杰参加了座谈会。会议围绕包产到组、包工到组、包产到户问题争论十分激烈，实际上对安徽搞联产承包形成了围攻之势。多数人认为包产到组和分田单干没有区别，反对包产到组。就在这次会议期间，主持这次会议的国家农委负责人（包括那位副部长）批示《人民日报》于3月15日发表了张浩来信，并加了编者按。来信说："现在实行'三级所有、队为基础'符合当前农村的实际情况，应当稳定，不能随便变更，轻易从'队为基础'退回去，搞分组，是脱离群众，不得人心的，同样会搞乱'三级所有、队为基础'体制，搞乱了干部群众的思想，挫伤群众的积极性，给生产造成危害，对机械化也是很不利的。"编者按中指出：已经出现分田到组、包产到组的地方，应当正确贯彻执行党的政策，坚决纠正错误做法。这封信的公开发表，引起安徽和有关省参加会议的代表的不满。为此，安徽省农委副主任周曰礼在会议上作了长篇发言，介绍了安徽推行联产承包制的情况，认为包产到组是责任制的一种形式，符合十一届三中全会精神，各种形式的责任制都应当允许存在，由群众自己在实践中加以选择。接着安徽代表辛生、卢家丰针对张浩来信也写了一封题为《正确看待联系产量的责任制》的来信，在3月30日《人民日报》头版显著位置上发表了，《人民日报》也写了编者按，承认发表张浩的来信和编者按语中有些提法不够确切。

在春耕大忙时节，发表张浩来信和编者按造成了干部群众的思想混乱，特别是搞了包产到组的地方，更是人心惶惶。

3月15日那天我在嘉山县，早晨吃饭时听到广播正在播张浩的来信和编者按，我当即感觉事情不好。吃过饭就立即往回赶。路上，我想听听群众的意见，在老嘉山公社下了车，到了公社里一看，大家没有什么反应，他们还不知道这个情况。接着又到了滁县的黄泥公社，公社书记迎出来就说，你们来的正好，老百姓听了广播后议论很多，情绪不安，说我们又要"翻烧饼"，又要受批判了。

回到地委，我让陆子修起草了一份电话通知，主要意思是当前正值春耕大忙时节，各种形式的生产责任制一律稳定下来，不要变来变去，延误农时。各种形式的责任制都是地委同意的，符合十一届三中全会精神，如果有什么问题，一切由地委负责。实践是检验真理的唯一标准，究竟哪种形式好，秋后看实践结果再定。电话通知得到各县的积极响应和支持。嘉山县委书记贾长志说："就是刀架在脖子上我们也要坚决干下去。"凤阳县委书记陈庭元说："我是王小二盖猪圈，一心门朝南，坚决不变！”滁县县委书记冯骏也说：“党的政策不能随便变来变去，要尊重民意。”

正当我们经受重大压力时，万里来到滁县地区。3月16日，他首先来到全椒县古河镇。万里到什么地方一般轻车简从，事先不打招呼。等我赶到古河镇时，万里已经在那里开座谈会了。会上，他语重心长地指出：“不就是一封读者来信吗？作为报纸，发表各种不同意见的读者来信都是可以的，别人可以写读者来信，你们也可以写。就好比公共汽车一样，你可以打票上来，我也可以打票上来嘛。”“你们要明白，报社是不管饭吃的，秋后老百姓没饭吃，我是要找你们县委书记、县长，我不会去找报社。”我向万里汇报了地委发了五条电话通知，他赞许地说：“你们地委做得对，及时发通知，已经实行的各种责任制一律不变。实践是检验真理的标准，到秋后再看。”听了万里书记的话，大家悬着的心终于放下了。

在去地区的路上我向万里汇报了地区的工作情况。路过全椒县马厂区王河生产队时，万里下车到村里转了一圈。正是春耕大忙时节，老百姓大都在田里干活，村里只剩下一些妇女和老人。听说省委第一书记来了，大家纷纷从田里上来。万里问有什么困难，大家纷纷说，现在包产到组，没什么困难了。妇女们提出了两点意见：一是纳鞋底的麻线难买；二是缝衣服的纱线也难买到。万里对我们说：“你们不要小看这些针头线脑的事，要供销社抓紧进货，帮助群众解决困难。”

第二天，我又陪同万里到来安和天长看了看。在来安县城东郊，万里看了一户姓唐的做豆腐的人家，该户包了几亩地，又开了一个豆腐作坊，因为做得好，县城一些机关食堂、饭店都买他家的豆腐，生意很好。他又养了一些猪，用豆渣喂猪，用猪粪肥田。万里看了，高兴地说，就是要像这样形成多种经营，能做什么就做什么。在天长，万里去了一个生产队，刚到村里，他看到有一户门开着，就进去了。院子里几个木匠正在打柜子，院子很大，一边还辟了一块菜地，种了二三分地大蒜。一打听，原来是队长家，队长正在田里干活。队长回来后，万里问他：“你打这些柜子干什么？”队长说：“我儿子要结婚了，我找几个木匠给他打几件家具。”万里又指着菜地疑惑地问队长：“你的蒜排得这么密，能结出蒜头吗？”“您不知道，我还指望这些大蒜给我挣百把块钱呢！”队长笑着说，“您看，第一，蒜苗长大后，我可以间苗当青蒜卖，十棵一把，拿到城里卖，一把能卖一二毛钱呢，这样，地空出来，蒜苗就不密了；第二，蒜薹长出来后，我还可以卖蒜薹，这就更贵了，最后我才卖蒜头，能卖三次钱呢。”万里听后，深有感慨地对我说：“中国的农民多么聪明啊，几千年来积累了丰富经验。”

随后，万里驱车到嘉山县，路过涧汐公社时决定下车看看，公社领导大都下乡了，只有一个副主任因感冒在家，50 岁左右，他告诉我们，当地正在搞包产到组，虽然争地、争水等各种各样的矛盾也不少，公社干部有明确分工，这几天就可以把包产到组搞好。区委在家看门的秘书是个年轻人，他来了以后感叹道：“哎！现在搞包产到组，生产队搞得乱七八糟，为分组、包产吵得一塌糊涂。”那个副主任却说：“包产到组肯定会遇到各种矛盾，吵不要紧，不吵倒不正常，吵着吵着就搞好了。”回头在车上，万里说：“那个副主任不错，工作认真负责，倒是那个秘书没有深入了解实际情况。”

晚上，县京剧团上演他们编的一出新剧《唐太宗与戴胄》，是为配合恢复高考而创作的新剧本。县里安排他去看这出戏。临出门，万里接到从北京打来的电话，我们就在外面等着。出来时，万里对我们说：“电话是国家农委主任王任重打来的，他谈到张浩读者来信问题，问我有什么意见。我在电话中对他说，现在是春耕大忙时节，不管哪一种形式的责任制，现在一律不变，实践是检验真理的标准，我是秋后算账派，一切都等到秋后再说。他同意了我的意见。”

第二天，我又陪同万里到横山公社，那里是回民地区，一路上看到了嘉山县大面积的森林，他很高兴。万里到那里后，公社早通知大队书记们在那里等着。万里说，还是找些老百姓来谈谈吧。于是喊了一些在田间劳动的农民，结果来了一大屋子人。万里问大家，解放后你们什么时候最满意？大家纷纷说，我们最高兴的是 1955 年，那时候土改结束后，搞互助组，接着又搞了初级社，大家拿土地入股，互助合作，土地还是自己的。万里又问那时侯生产水平怎么样？老百姓分析说，现在的生产条件比以前好多了，修了水库，有拖拉机，扁担也多了（指劳动力多了），但产量没有1955年高。万里听了，深有感触，他对我说："老百姓讲的话值得我们深思啊，你要认真调查一下，为什么老百姓最怀念1955年。"

当时，嘉山县召开全县大队书记会议，县委请万里到会讲话。万里在会上说："不管什么方法，只要能增加粮食，为国家多做贡献，为集体多提留，老百姓的生活得到改善，就是好办法，你们现在搞包产到组甚至搞包产到户我都同意，不能变来变去，秋后再说。"万里的话，等于是承认了我在滁县地区搞的一套做法，给了我们很大的支持和鼓励。

之后，万里来到定远。走到范岗公社，他下了车，老百姓大都锁着门出去干活了，其中有一家烟囱在冒烟，万里就走了进去。屋里一个老太太正在揭锅盖，锅里蒸了馒头，中间还做了一个龙和一只老虎。老太太说，今年大旱，我活了70多岁也没有见过这样的大旱，这两天上面发了救济粮，我蒸点馒头给小孙子吃。她还说，吃了面做的龙、虎可避邪呢！万里看了很高兴。接着，一行人来到了公社。值班的人告诉我们，公社的人大多下队去了，你们要找老百姓，可以去粮站，那里正在发救济粮。我说，你去叫，就说省委第一书记来了。一会工夫，他就领着十几个老百姓回来了。万里详细地问大家怎么搞包产到组的，中间有个上海下放知青，是范前生产队会计，他反映说，生产队里的包产到组大都是家族式的，这几户一组，那几户一组，可是我们两户外来的却没人要了。万里说："那你们两户搞一个组不就行了吗！"那个生产队会计忙说："那怎么行呢，没有个四五户怎能叫组呢？"万里说："行！你们两户组织一个组也可以。"生产队会计又疑惑地问："你说的话算数吗？"我插话说："他是省委第一书记，当然算。"万里指着我说："他是地委书记，回头，我们跟你们县委书记说。"生产队会计这才放下心。

其中还有一位生产队指导员，身穿一件旧军衣，像是一位复员军人，他说，我们队和凤阳搭界，凤阳有个做法，比我们还好。万里忙问是什么做法？那个指导员一下子又回答不好。我介绍说："凤阳的做法叫做'大包干'，就是包干到组，小组承包土地后，交够国家的，留足集体的，剩下的都是小组自己的。"万里说："这个办法也不错嘛！"那个指导员问，那我们回家后也能这么干吗？万里说："现在是大忙时节，你们既然已经搞好了，就暂时不要变了，变来变去不好，等到秋后再说吧。”

这一次，万里走了全椒、滁县、来安、天长、嘉山、定远皖东六县，历时四天，因时间安排不开，没有到凤阳，他针对张浩读者来信，一路做工作，稳定了干部群众的思想情绪。

随着“双包到组”的发展，凤阳县小岗村首创了包干到户。这个生产队原来只有十七八户人家，一度派来16个工作队队员，工作队队长说，我就是一手拿着刀，一手拿着鞭子，赶也要把你们赶上社会主义。结果还是不行。1978年春，我和陆子修到小岗村，村子里都是破草房子，有的已经露天了，没有看到几个人，好不容易见到两个妇女，一问，村里的人大都逃荒要饭去了。我又问，现在春耕大忙季节，怎么还不回来干活呢？那两个妇女也不答话，只是嘻嘻地笑。

1978年冬，小岗村暗中搞起了包干到户。搞起来后，情况就不一样了，五六百亩的庄稼长得不错，村子后面是个小山岗，原来是种山芋的地方，后来一垄一垄的长满了荒草，现在也重新开垦起来了。1979年4月，陈庭元知道这个队偷偷搞“分田单干”，就到小岗村实际了解情况，针对公社干部的担忧和疑虑，他说：“全县2000多个队，不就这一个队吗？就算搞起了资本主义，也搞不到那里去。已经分到户了，就让他们干到秋后再说吧！”

1979年，小岗村大丰收，粮食产量达到13.237万斤，相当于1966年至1970年5年的总和。油料超过原来20多年的总和。从1957年起23年来第一次向国家交售粮食24900多斤，超过任务7倍多；油料完成29433斤，超过任务80多倍，社员收入比上年增长6倍。

1979年10月，滁县地委在凤阳召开三干会，会议的主要议题是总结完善大包干到组的责任制。布置搞好年终分配和冬季农田基本建设等任务。会议开始时是参观凤阳县城南公社岳林大队岳北生产队、大庙公社后扬生产队。这两个队都是大包干到组搞得好的典型。会议改变了先介绍后参观的到每家每户去看，看粮囤子、看锅灶、看猪圈、看鸡舍、看房前房后菜园子和集肥的情况，可以找全村任何人谈话，然后按时上车返回。有人说：“这是一次不讲话的现场会。”接着，大家要求到大包干到户的小岗生产队去参观。由于当时包产到户尚是“禁区”，为了避嫌，怕别人说是推广包干到户的会议，所以一天晚上组织各县委书记、区委书记、地区部委办和科局长乘大客车到了小岗队，从西头到东头，挨门挨户看了一遍。最后，地委几位常委在副队长严宏昌新盖的大房子里与队干部一起座谈，大家一致认为大包干到户办法更能调动群众积极性。根据大家意见，我当场宣布“允许小岗先干三年，继续试验，在实践中不断完善提高。”这时，小岗的群众已经炒了一大箩筐花生，参观的干部不好意思吃，群众只好把花生倒在大客车里。会上公社书记一致要求，要搞大包干到户。但当时考虑到同中央文件保持一致，我在会议总结时，正式宣布可以三户一组。实际上就是父子组、兄弟组，等于包产到户。有的公社书记心领神会地说：不能再逼他了，他作为地委书记，只能讲到这个程度，三户一组也就等于包干到户了。

地区三干会后，小岗大包干到户责任制影响越来越大，在凤阳全县，不推自广，纷纷效仿小岗。小岗的成功和丰收带来了喜悦，也带来了“麻烦”和压力，有的公社埋怨说：“都是小岗惹的祸”。一方面群众要求包干到户的呼声很高；另一方面反对意见也滚滚而来。1979 年 12 月 27 日，县里有人把小岗村生产队副队长严宏昌找到县委党校谈话，说小岗村这样干不行，影响太大了，让他们改回来。严宏昌说：“我们这样干，是地委同意的。不信，你们可以打电话问地委王书记！”电话打来后，我说：“小岗村搞包产到户你们县书记和地委都是同意的，压力再大也不能动摇，不能再合并起来，让他们继续干，一定要稳住。马上要到省里开会，到时候，我再跟你们当面谈。”

1980 年 1 月，省里开农村工作会议。凤阳县委写了一篇叫《一剂必不可少的补药一凤阳县梨园公社小岗生产队包干到户的调查》报告，我看后认为报告写得很好，既生动，又具体，很有说服力。调查报告介绍了小岗村解放初从土改到初级社一度红火的情况，也介绍了从高级社到人民公社怎样一步一步越搞越穷的情况，最后，又怎么搞起包干到户，日子逐步好起来的情况，调查报告结尾的一段话，我是不同意的，这段文字是：“但是，小岗队包干到户在目前仍然是‘众矢之的’。尽管人们不得不承认这种办法在长期低产落后地区比其他责任制更能调动群众的积极性，更能增产，但它仍被一些人看成是‘禁区’，不敢超越固定框框，因而只好‘一律’了，小岗队在一律之下，最近又拢成了八个作业组。这一次群众虽没有给各级领导为难，但他们内心并不想拢。不少社员说：‘拢起来今后还是搞不好。’”在来开会之前，我明明白白告诉县里小岗一定要稳住，不要变，马上到省开会同你们面谈，现在怎么变了呢？我当时心里明白，其实小岗并没有变，他们仍然心有余悸怕别人“抓小辫子”，故意写了这么一段文字作为伏笔。我认为对上级写报告，没有这个必要。因此，我要陆子修把这段文字裁掉了，然后送给了万里同志。

万里看后赞赏地说：“写得好，我就像看小说一样，一连看了两遍。”

在这个会上，我作了题为《顺应民心，积极引导》的大会发言。我开门见山地说：“1979 年，在安徽广大农村出现了这样一种局面：一方面，人民公社‘一大二公’的体制经过 20 年的实践，已被证明存在很多弊端，群众对此深感失望和厌倦，强烈要求进行调整，但在政策上尚无这方面的尚方宝剑；另一方面，在党的十一届三中全会以后一年多时间里，群众在实践中摸索出来的多种联产计酬责任制，尤其是包产到户责任制，深受群众欢迎，也最见成效，但政策上尚属‘禁区’。尽管如此，在真理标准问题大讨论的鼓舞下，干部群众的思想越来越解放，农村中各种形式的责任制仍如雨后春笋层出不穷，成为广大农民热烈向往的一种潮流。面对这股滚滚潮流，是固守原来的框框，站在农民群众的对立面，阻止这股潮流，还是顺应民心，积极引导，这是摆在我们面前的一个必须回答的重大课题。”我在结束我的发言时，郑重地提出：“要求给大包干到户报个户口，承认它也是社会主义生产责任制的一种形式。”我的发言，得到大多数人的赞许，认为既符合马列主义的理论原则，又符合当前农村的实际情况，但也有人认为“要求太过分了”，怎么能把包干到户说成是社会主义生产责任制的形式呢？

会议经过几天的大会发言和讨论，通过激烈的争论，思想认识逐步取得共识。1 月 11 日，万里作了大会的总结。在谈到联系产量责任制时，他说：“从两年来的实践来看，两种责任制，联系产量的，不联系产量的，联系产量的比较优越。对于包产到户，首先要说‘包’字是个好东西。包的事多着哩，凤阳的大包干，火车的三八包乘组，包就是承担责任，做任何工作都得有责任嘛，为什么怕这个‘包’字？包产到户不是我们提出来的，问题是已经有了，孩子已经生下来了，他妈妈挺高兴，哎呀，可解决大问题了，你不给他报户口行吗？那天王郁昭同志说了，孩子挺好的，给报个户口吧，承认它也是社会主义责任制的一种形式。许多干部都看过，都热乎乎的，但回来以后又凉了半截。为什么？不合法呀，要批判呀，说他是资本主义的。那根本不是资本主义，包产到户不是分田单干，分田单干也不等于资本主义，没有什么可怕。群众已经认可了，我们只能同意、批准，给它报个户口。”就这样包干到户终于报上了户口，但这只是安徽地方户口，只能在安徽通行。这个消息在报纸上、电台上发表后，马上引起全省轰动。当时还是冬天，许多老百姓在水利工地上一听到这个消息，纷纷要求回家搞包干到户。有的地方不让搞包干到户，老百姓根本不理睬，照样干！

1980 年春节前夕，万里来到小岗村，挨门挨户看了一遍，他笑呵呵地说这样干，形势大好啊，我早就想这样干了，就是没有人敢干。严宏昌说：我们干了，人家说是开倒车，还能干下去吗？万里说：地委能批准你们干三年，我也能批准你们干五年吧！只要能多打粮食，对国家多贡献，集体多提留，社员生活能改善，干一辈子也不是开倒车。在场的公社书记插话说：周围群众都吵着要学小岗怎么办？万里说：“学就学吧，对国家多贡献，还能是坏事吗？你们不要给人家念紧箍咒了，形式主义少一点，让社员富起来，家家户户都盖起两层小楼，才称人心呀！”万里最后说：“谁要再说你们是开倒车，这场官司由我万里去打！”

大包干虽在安徽得到省委承认，但斗争并没有结束，万里离开安徽到中央工作后，围绕着包干到户的争论，又在安徽乃至全国激烈地展开，一场新的风暴正在袭来。

这里还有一件事要说一下，1979 年 11 月，《农村工作通讯》的主要负责人从江苏来到滁县地委组织稿子。我当时陪他到来安县和江苏交界的地方看了看。当时安徽这边已实行了包产到户，一派生气勃勃的景象，使他很受感动。有的家在做豆腐，有的家在杀猪，有的在盖房子，也有的老年人抱着小孩子在晒太阳。有一位老年人说现在自由了，该干的时候干，该休息的时候就休息。接着我们又到只隔着一条沟，来到江苏地界上去看了看，那里农民正在挑塘泥，一挑挑塘泥还要过秤。到村里去转了转，看到一个年轻的女子，20多岁，身强力壮，穿得漂漂亮亮的，没有上工，就问一个看家的老太婆，她说那是队长的儿媳妇。江苏的老百姓羡慕地说："上家（指安徽）现在好了，人家现在包产到户了，人家现在自由了，日子好过了，他们现在快活的屁股流油，已经开始盖扁砖到顶的房子，我们这边还是'斗'字墙，过去都是上家的姑娘嫁到我们这边，现在我们这边的姑娘开始往安徽嫁了。"

这位负责同志对这些情况很感兴趣，就让我写篇文章。我们地委写了《尊重试点权威，肃清极左流毒》的稿子，稿子送去后他们准备发表，并让我们派人到北京来进行修改，我就派陆子修和白振亚去修改，结果他们却变卦了，连面也不让见。陆子修认为，稿子用不用都没有关系，问题是你们请我们来，又避而不见，真是不可理解。原来情况发生了变化，农业部那位副部长不准发我们的稿子，换成了安徽某地委的一篇《分田单干必须纠正》的文章。接着又发表了《包产到户是否坚持了公有制和按劳分配？》，还加编者按，提出："包产到户到底是集体生产责任制的一种形式，还是本质为单干？"杂志社还以"大家谈"为名，貌似公正，实际上对拥护包产到户的文章一概不予发表。我认为，这家杂志社连续发出攻击包产到户的文章，是一个信号，它标志着一场新的风波和激烈的争论和斗争已经开始了。

如果说，1979年春，来自张浩读者来信事件的发生，引发一场全国性激烈争论，矛头主要是反对包产到组的话，那么1980年春夏之交的这场风波，主要是围绕着包产到户是姓"社"还是姓"资"，万里在安徽为大包干报上的户口是应当保留还是应当注销而展开的，其激烈程度比1979年春季那场风波有过之而无不及。

1980年1月11日至2月2日，国家农委在北京召开全国农村人民公社经营管理会议，这是继1979年七省三县会议后的又一次重要会议。安徽省农委副主任周曰礼、滁县地委办公室主任陆子修出席了这次会议。王任重在会上讲话，再一次讲集体经济的巨大优越性。安徽代表周曰礼根据万里在安徽省刚刚召开的全省农业工作会议上的讲话精神，代表安徽省以《联系产量责任制的强大生命力》为题作了大会发言。

周曰礼的发言长达两个小时，他说到1979年底，安徽实行包产到组的生产队占总数的51%，包产到户的占10%，增产效果明显。群众的评价是组比队好，户比组好。周曰礼的讲话，引起了十分激烈的争论，在分组讨论时，特别是华东小组等于对安徽发起了围攻。争论焦点是，包产到户是姓“社”，还是姓“资”，它是不是社会主义生产责任制的一种形式，符合不符合中央政策的规定？持反对意见者的主要论点是包产到户就是分田单干，与社会主义不沾边，是资本主义性质的。他们武断地说，包产到户调动的积极性是农民个体的积极性，不符合社会主义大方向。

周曰礼回到安徽后，将会议的情况向万里作了详细的汇报，请示如何传达贯彻。万里考虑到省农业会议刚刚召开，下面正在传达贯彻会议精神，为了避免引起思想混乱，稳定人心，发展大好形势，决定对这次会议不作传达。

全国人民公社经营管理会议结束后，万里调中央工作，任国务院副总理、中央书记处书记，主要分管农业方面的工作。万里上任不久，看到《农村工作通讯》第二期、《分田单干，必须纠正》、《包产到户是否坚持了公有制和按劳分配？》等文章后，要张广友、吴象针对文章的内容，进行不点名的反驳，并叮嘱说，写文章要摆事实讲道理，以理服人。为此他们写了一篇《联系产量责任制好处多》的文章，万里看后，建议以安徽省委农工部名义，在《安徽日报》上发表。当他们把文章亲自送交安徽省委领导审定，出乎他们意料，没过几天省委领导在电话中说，省委农工部对稿件有不同看法，不同意用省委农工部名义，也不同意在《安徽日报》上发表。

更令人震惊的是自1980年3月底4月初开始到8月，安徽省委连续在蚌埠、芜湖、巢湖和合肥召开了四次会议，对家庭联产承包发起四次猛烈地冲击，搞得人们特别是在县以上干部中思想混乱，惶恐不安，好像安徽在包产到户问题上又犯了大错误，普遍担心又要反复折腾。

1. 蚌埠会议。1980年3月底，省委领导从北京回安徽，没有直接到合肥，就在蚌埠市下车，通知安徽北部几个地、市委，包括阜阳、宿县、滁县地区，蚌埠、淮北、淮南等地、市委书记到蚌埠开会。会议开始时，这位省委领导说：有一篇文章，万里同志的意思是以安徽省委农工部的名义在《安徽日报》上发表，请大家看看，是否可以以安徽省委农工部的名义发，后来的结果是前面所说的不同意用安徽省委农工部名义，也不同意在《安徽日报》上发表。接着各地、市委开始汇报工作。最后省委领导给包产到户扣上了“经济主义”、“工团主义”和“机会主义”的大帽子。他说：列宁在同第二国际机会主义斗争时，曾批判伯恩斯坦、考茨基等机会主义者，只顾眼前利益，主张运动就是一切，主义是微不足道的，为了一个“戈比”而斗争。包产到户虽然能增产，但不是我们的方向，对老百姓来说有情可原，对我们县以上干部来说，头脑要清醒，不能只顾眼前利益，犯机会主义即修正主义的错误。这一段简短的讲话，虽然没有直接说对包产到户要马上纠正，但我认为分量很重，把包产到户提高到“经济主义”、“工团主义”和“机会主义”的高度看，搞包产到户就是只顾眼前利益，也就是犯机会主义，即修正主义的错误。我联想到“文化大革命”中被打成“现行反革命修正主义分子”受迫害、被批斗的情景，真是不寒而栗。在回滁县的路上，在车子里陆子修问我，看样子包产到户不能搞了，回去后传达不传达。我说，会议上没有规定如何传达贯彻，也没有说对包产到户马上要纠正，只是说县以上干部头脑要清醒。按党的组织原则，党的领导人的讲话应当传达到县委，使县委书记保持头脑清醒。回地区后，即召开县委书记会议，原原本本地进行了传达，并将传达的情况专门向省委写了报告。

正在此时，发现《人民日报》4 月 1 日第一版左下方发表了安徽省委领导指出：“春耕生产已经开始责任制要稳定”的一篇 280 多字的新闻报道。他说，“我有一个不成熟的想法，农业生产责任制恐怕要稳定一个时期，一年一个章程不行。稳定一个时期，就很有希望。但是要加强领导，重视研究新情况，及时解决出现的新问题，不断完善、提高，保证把生产搞上去。”地委常委和县委书记对省委领导在蚌埠的谈话，结合这篇报道进行了讨论，大家认为他虽然说包产到户不是我们的方向，县以上领导头脑要清醒，但并没有下令进行纠正，而这篇报道，是 3 月中旬他在全省地、市委书记会议上的讲话，而且又在蚌埠会议时《人民日报》发表的，我们应当继续贯彻执行。为此，4月10日，滁县地委以滁地发〔80〕46号文件发了紧急通知。通知指出："各地要结合干部群众的思想实际，反复进行宣讲教育，做到家喻户晓，以解除疑虑，稳定人心。各级党委和政府，要加强领导，在稳定责任制的基础上，要不断研究新情况，及时解决出现的新问题，使各种形式的责任制不断完善、提高。"通知直接印发到生产队。

与此同时，4月9日《人民日报》发表了原来安徽不同意以安徽省委农工部名义，在《安徽日报》上发表的那篇文章发表了。这篇文章是以本报特约记者吴象、本报记者张广友（过去规定新华社记者在《人民日报》发表稿件，可以用本报记者）的名义发的。意想不到的是，这篇长达7000多字的文章在《人民日报》上发表比在《安徽日报》上发表影响大的多，引起了全国的普遍关注。

2. 芜湖会议。1980年4月，省委在芜湖市铁山宾馆召开了南三区，即芜湖、徽州、池州等地委和芜湖市委书记碰头会，这是继蚌埠会议20天后召开的第二次会议。根据省委领导的意见，吴象和张广友参加了这次会议。

我没有参加这次会议，对会议的情况不了解。但张广友所著《改革风云中的万里》一书有所论述。书中说："芜湖会议基本上是一面倒，一个腔调：包产到户姓'资'不姓'社'，不符合中央精神，不能再搞了，一些人有不同观点和意见，会上没有讲话，在私下交谈中，不以为然。他们说这些意见群众是不会听的。"

芜湖会议围攻包产到户的消息很快传开了，并说滁县地委带头搞包产到户犯了大错误，要立即纠正，早晚是要算账的。我听到这些传言，思想上的压力是可想而知的。为此，我到省委了解情况，得知省委领导要到皖南视察，尚未回来。于是，我找到办公厅负责文书档案工作的副主任，她刚从芜湖回来。她处于保密工作的原则，安慰说：不要紧张，是讲了包产到户的问题，同蚌埠会议上讲的差不多。我回地区后想的很多，为什么会变得这么快？万里2月离开安徽，一个月后就会突然发表这样大的变化。事实上，在万里离开安徽前，这位领导已对省委农业会议的情况应该是清楚的；是不是3月他到北京，从高层领导人那里摸了“底”，才风云突变，来了一个 180 度大转弯？为什么他 3 月刚在地、市委书记会议上说：“农业生产责任制要稳定一个时期，一年一个章程不行，稳定一个时期，就很有希望，并在 4 月 1 日蚌埠会议时又突然在《人民日报》上发表，这不是自相矛盾吗？我也曾想到，安徽这次出现的反复、波折，会不会重蹈曾希圣在 1958 年搞的田间管理责任田的覆辙？那时，是遭到中央领导的反对，曾希圣被免去安徽省委第一书记职务，虽然仍保留华东局第二书记职务，但从此他‘靠边站’，坐上了‘冷板凳’。但这次的反复则不同，中央的‘底’至今还不清楚，万里调离安徽，是升任为国务院副总理，主管农业方面的工作，不像是因为犯了错误而离开的。后来我从吴象、张广友那里虽然了解到芜湖会议的一些情况，但是我对安徽这次出现的风波，还是百思而不解，心情十分沉重！”

3. 巢湖会议。时光流逝的很快，转眼到了 6 月初，省委领导在皖南视察回省路过巢湖地委时，又通知巢湖、芜湖、滁县三个地区和芜湖市的地、市委书记开座谈会。开会前一天的傍晚我到的比较晚，到宾馆以后，接到秘书人员送来的邓小平《关于农村政策问题》的内部谈话稿，说准备公开发表，先发下来征求各地意见，要我看后，明天开会时原稿退回，并规定不许抄录。我看了以后，为之一振。邓小平在谈话中明确肯定了安徽的包产到户和大包干到户的责任制。他说：“安徽肥西县绝大多数生产队搞了包产到户，增产幅度很大，‘凤阳花鼓’中唱的那个凤阳县，绝大多数生产队搞了大包干，也是一年翻身，改变面貌。”

次日，正式开会。首先各地、市把当前工作做了简要汇报后，在讨论的时候，没有人再明目张胆地反对包产到户，但不赞成大包干到户。省委领导说，包产到户还可以，因为还坚持五统一，还有统一分配，而大包干到户，则是两包一脚蹬（踢），生产队一点把柄也没有了，这样农民就不听招呼了，就会失去控制，因此不同意包干到户。巢湖的同志说我们搞的是包产到户，不是大包干到户。鉴于这种情况，我举手要求发言。我首先用通俗的语言讲了什么是包产到户，什么是包干到户，它们的共同点和区别是什么。我说：“在‘包’的问题上，它们的本质是一致的，只是一个是先算账，一个是后算账的问题。说到底，是一个相信不相信群众的问题，是一个对农民的态度问题”。我说：“包产到户是农民承包集体的土地，实行‘定承包产量，以产计工，超产奖励，减产赔偿’的办法。农民承包了土地之后，生产的粮油棉等，要统统上交生产队，由队里统一上缴国家的征购任务，扣下集体提留，然后按农户缴上来的产量计算出工分，再实行统一分配，这种办法的特点是先承包后算账，最后由生产队统一结算。包干到户，是农户承包集体的土地，由生产队同农户签订承包合同，农户按合同的规定完成上缴国家的征购任务，交足集体的提留，剩下的都是自己的。”这两种办法群众都拥护，但特别受欢迎的是大包干的办法，因为这种办法是先算账的办法，在签订合同时，就把责、权、利等有关的任务明确了。群众说这种办法“任务明确，方法简单，利益直接”，所以群众最愿意采取这种办法。相比之下，包产到户的办法，不如包干到户简单明确。有的群众用最朴实的语言说，包产到户是“脱裤子放屁，两道手续”。农户包了产，最后全部产量还要统统都收到生产队，再由队里七扣八扣，来一个统一分配，且不说手续繁琐，实质上是对群众不放心，而群众则对干部也很不放心，怕干部多吃多占，甚至贪污挪用。

一天的会议结束了，晚饭后我冒着倾盆大雨，回到了滁州。第二天我就将邓小平《关于农村政策问题》的内部谈话内容向地委常委、县委书记作了传达，大家非常高兴，一致认为，在关键时刻，小平同志讲话了，拨开了迷雾，为我们指明了前进的方向。

4. 省委常委扩大会议。巢湖会议不久，1980 年 6 月 19 日，当时的国务院总理给万里并转胡耀邦写了一封《关于当前农村改革问题的一封信》，信中说：“最近看了几个地方的材料。目前正是麦收麦种大忙季节，部分县、社在所有制、责任制上仍在变动。如包产到户问题上，有的正在继续扩大，有的又布置立即纠正，致使这些地方人心不安。这对当前的农业生产是很不利的。为了不失时机地把今年农业生产抓好，我认为当前对生产责任制的各种形式，应当稳定下来为好，使大家把精力集中到生产上去，不要变来变去，错过时机。”“根据邓小平同志关于农村政策问题的指示，需要组织农业部门的干部和理论工作者相结合，深入到不同类型地区和社队，把包产到户问题作一些比较深入的调查和分析，争取在今年秋后能够形成一个中央文件，有个统一的、明确的说法，有领导地解决好这个问题。”中共中央转发了这封信。这封信转发后，安徽省委组成了八个调查组，对全省不同地区和社队包产到户问题进行了调查。经过近两个月的调查，8月下旬省委召开有各地区市委书记参加的省委常委扩大会议，听取各组的汇报。我参加了这次会议。由于受蚌埠、芜湖、巢湖三次座谈会上的影响，加之省里有的领导表扬了没有搞包产到户的两个县是坚持马列主义的，意味着似乎搞了的就是没有坚持马列主义。因此，在这次汇报会上形成一边倒的现象，对已经搞了双包到户的地方形成围攻的态势。在这种情况下我站起来作了发言。我首先强调包产到户是一种责任制，它的核心是一个“包”字，它能充分调动广大农民的积极性。我认为，劳动者的积极性高与低，是检验生产关系是否适应生产力水平的根本标志。包产到户不是单干，而是集体经济经营管理中的新突破。我列举来安、定远、凤阳等县一些调查数字和事实说明，增产最高的是包产到户，其次是包产到组，再次是增产不多或平产、减产的没有实行联产承包，仍坚持原来管理方式的生产队。结论是“队不如组，组不如户”。

我最后动情地说：“我们滁县地区‘双包’到户的面已经这么大了，而且还在急剧发展，得到了群众的拥护，实践证明是能增产的，希望能得到上级领导的支持，继续完善提高。如果不同意这样搞，那就希望公开下个命令正式发个文件进行纠正，我作为一个党员，作为下级，服从就是了。不要像现在这样，今天这里批，明天那里批，施加压力，搞得大家心情不舒畅，整天提心吊胆。我已经准备被撤职，但我问心无愧，我对得起党，对得起广大人民群众！”当时，会场上气氛一下紧张，寂静无声！

在这次会议上，开始时由某地委带头发言，攻击包产到户，接着有几个地委一哄而上跟着批，形成围攻之势，唯有六安地委书记徐士奇，他反复指出：我们党的宗旨是全心全意为人民服务，包产到户既然能增产，能改善人民生活，又得到广大人民群众的拥护，我们为什么就不让搞，这不是和群众对着干吗？也有几位市委书记主张穷的地方可以搞，富的地方不要搞，徽州地委书记处于两难的境地，干脆就不发言，还有一位地委书记在我发言后，前来讨要我的发言稿，我说没有发言稿，他不相信地说：你讲话逻辑性很强，怎么会没有稿子呢？

鉴于会场上气氛紧张，省委书记顾卓新建议说：看来大家意见分歧很大，不大好进行总结，建议把邓小平那篇谈话在会上念念，作为这次会议的总结。接着，省委秘书长全文宣读了邓小平那篇还没有公开发表的谈话稿，会议就这样结束了。

会议结束后，新华社安徽分社的张万舒说：有人形容今天的会议，是在王郁昭“舌战群儒”，徐士奇“苦口婆心”的气氛中结束的。

晚饭后，稻香楼小礼堂举行晚会。我与当时的省委副秘书长吴立奇在最后一排找到了座位。吴立奇是同我一起南下，一起接管芜湖市的干部，吴任市委宣传部部长。他原是新四军二师的干部，在滁州来安、天长一带打过游击。他是一位很有才华的干部，是徽州人，有“徽州才子”之称，精明强干，水平很高，我对他很钦佩，后来他调上海在华东局工作，1980 年刚回安徽不久。我同他谈心时有意说了几句“牢骚”话。我说：作为党的领导，应当光明磊落。我们滁县地区搞包产到户，得到人民群众的热烈拥护，实践证明确实能调动群众的积极性，有利于生产的发展，而且经万里批准同意，为大包干报上了户口，承认它是责任制的一种形式。现在你如果不同意搞，认为它是错误的，就应当直截了当地对下面讲清楚，研究如何纠正的方法和措施，正式发文件进行纠正。不要像现在这样，今天在这里批，明天在那里批，对写文章反对包产到户的人，又是接见，又是表扬，对反对搞包产到户的地方，说他们是坚持马列主义的，那么搞了包产到户的地方，岂不就不是马列主义的吗？采取这种造舆论、扣大帽子、施加压力的做法，是极不正常的，不利于安定团结，搞得大家提心吊胆，人心惶惶，这究竟是为什么？

次日，我感到肝区有些隐痛，来到安徽医学院附属医院经 B 超检查，说我有脂肪肝，而且已发展到肝腹水的程度了，我有些紧张。正在此时，突然接到电话，说省委领导要在家中接见我。我到后，这位省委领导说：你工作很积极、有水平，工作做的不错，应继续安心大胆工作，不要背包袱。对我进行了安抚和思想工作。当日下午我又到省立医院，经反复检查，并没有发现肝腹水，虚惊一场。

由于受到蚌埠、芜湖、巢湖和省委常委扩大会议的影响，安徽省的农村改革形势急转直下，反对包产到户的“冷风”，阵阵吹来，搞得人心惶惶。正在搞的不搞了，已经搞起来的，有的违心地下令限期改正（实际上是明改暗不改），把包产到户视为洪水猛兽。从 1980 年 4 月到 10 月间，省里对农村生产责任制问题，没有作出任何指导性的部署和文字通知，只是忙于在各地开会，围剿包产到户，大造舆论。滁县地区不仅在省内受到重压，而且在其东部邻省的边界上，树起了“坚决抵制安徽的单干风”、“反对复辟、倒退”的大标语，对边界上的社队派出了工作组，筑起一道“防火墙”，严防包产到户“传染”到他们那里。在内外重压之下，滁县地区实际上已成为包产到户的“孤岛”，这对滁县地委领导班子的压力是可想而知的。但我们立场坚定，毫不动摇地在皖东地区继续把农业生产责任制特别是家庭联产承包制推行前进。在总结、完善、提高上下功夫，做了许多工作。

1980 年 9 月 14 日，中央召开了各省、市、自治区第一书记座谈会，专门讨论农业生产责任制问题。据杜老（润生）《中国农村体制变革重大决策纪实》一书所述这时王任重已调任中央宣传部部长，改由万里兼国家农委主任。预备会由国家农委负责准备，会议由胡耀邦主持，华国锋、万里到会。

会议争论很大。发言反对的有福建、江苏、黑龙江几省的书记，支持的有贵州省委第一书记池必卿、内蒙古自治区党委第一书记周惠、辽宁省委第一书记任仲夷。会上当黑龙江省委书记以该省农业机械化程度很高为由反对搞包产到户时，贵州省委第一书记池必卿插话说：“你走你的阳光道，我走我的独木桥，我们贫困地区就是独木桥也得过。”这两句话成为概括这次会议气氛的两句名言。当时为新华社记者的吴象，根据这两句名言，在《人民日报》上发表了一篇：《阳光道与独木桥》的长篇文章。据杜老说，反对包产到户的人，“他们很多是跟毛主席共同战斗过的老同志”。但是，我认为，实际上这是“两个凡是”思想的反映，继续开展“实践是检验真理的唯一标准”的大讨论，是完全必要的。

这次会议，最后形成了《关于进一步加强和完善农业生产责任制的几个问题的通知》，即中发〔1980〕75号文件，对可否实行包产到户问题作了“区别不同地区、不同社队采取不同的方针”的规定，包产到户、包干到户第一次在中央文件上取得了一席之地。

这份文件充分采纳了各方面的意见，一切从实际出发，实事求是，充分尊重群众意愿，要求各地根据不同地区生产力发展水平，允许有多种经营形式、多种劳动组织、多种计酬办法的存在。文件指出：凡有利于鼓励生产者最大限度地关心集体生产，有利于增加生产、增加收入、增加商品的责任制形式，都是好的和可行的，都应当加以支持，而不可构于一种形式，搞一刀切。没有一句指责包产到户是复辟、倒退，更没有扣什么经济主义、工团主义，只顾眼前利益的机会主义，即修正主义等大帽子的语言。看了这份文件后，使人们倍感亲切，心情愉快，是各方面都能接受的好文件。

在关键时刻，邓小平讲话了，他拨开了迷雾，为中国的农村改革指明了航向。文件最大的亮点是根据邓小平的指示，为包产到户、大包干到户在中央文件上列上了一个户头。虽然说它是“依存于社会主义经济”的，还没有正式确认它是社会主义的责任制形式，但它总算是取得了合法地位。邓小平的讲话和75号文件有巨大的凝聚力，一经发表，使原来由于是否可以实行包产到户、包干到户问题引起的广泛争论，基本上得到了平息。

75号文件下达后，我立即在凤阳召开了地委常委和各县县委书记会议，对文件进行了认真学习和讨论，研究部署了如何贯彻落实75号文件的具体措施。大家心情舒畅，压在心头上的复辟、倒退、只顾眼前利益等大石头终于落地了。

1979年12月和1981年1月，中央电视台曾两次派员到滁县地区采访拍片。第一部片名《说凤阳》，以大量的事实反映凤阳实行包产到组为主的联产责任制以后的新气象和人们精神面貌的变化。同时他们对前王生产队的困难情况拍摄了内部参考片，供中央领导人看。当时陪同他们去的地委政策研究室主任陈修义打电话问我，能不能让他们拍？我说：他们是中央电视台，想拍哪里就拍哪里，应当支持他们。后来，作为实行联产承包前的背景材料编在《说凤阳》纪录片中。第二部片是由赵化勇、董石才采访摄制的。他们先后采访了凤阳、定远、嘉山、全椒、来安五个县，历时两个多月，从各方面反映了滁县地区实行联产承包，特别是包产到户以后农村出现的新气象。他们回到北京后，又到中组部、国家农委举办的农业研讨班找到我（我不在研讨班学习），要我讲述了联产承包的由来和发展的过程。录像制成后，又请我到电视台，同台长李连庆对片子进行最后审查，并定名为《到户以后》，共六集。5 月 23 日开始在《观察与思考》栏目中播放，每集重播一次，北京电视台同时播放。那时中央台只有一套节目，每一集两个台合计等于播四次。电视台播出后反映强烈，有人向中央主管部门反映，指责中央电视台“宣传包产到户太多了”。实际上电视台是第一次播送有关包产到户题材的。5 月 25 日赵化勇打电话征求我的意见，准备把片名由《到户以后》改为《联产以后》，我问内容改不改，回答说不改。我表示同意。这就是中央电视台有史以来同一部片子前后两个不同名称的内幕，从这件小事中可以看出，当时改革每前进一步都会遇到阻力的，步履维艰呀！

1981 年 9 月 28 日，国家农委邀请我参加关于完善农业生产责任制文件的起草工作。历时 20 天。这个文件即后来发出的中共中央〔1982〕1 号文件。

这次会议，除中央有关部门外，地方只有江苏、浙江、安徽、黑龙江、河南、山西、贵州七省的代表参加，我以安徽代表的身份出席会议。会议由杜润生主持。会议先后以座谈的形式，充分发扬民主，把各种不同观点提出来，经充分讨论后，达成共识，形成提纲，然后分组写出草稿，最后由国家农委统一，形成初稿。

有一天，那位副部长出席会议，他突然又指责说：宣传包产到户太多了，对人民公社、农业学大寨宣传少了，这是个方向、路线的大问题。我听后，全国实行联产承包发展这样快，中央已发了 75 号文件，邓小平发表讲话，也承认包产到户、大包干到户，在这种情况下，还发表这样的言论，觉得实在不可理解，我联想到，他曾套我的话，然后进行批判，一部电视片两个名称等情况，我作了发言，我说：人民公社、农业学大寨已经宣传 20 年了，报纸上、电台上、电视台上几乎天天都在宣传，甚至墙上写的标语口号，草帽上、汗衫上印的都是人民公社、农业学大寨，而联产承包、包产到户，才刚刚开始宣传，有人受不了了，就害怕了，究竟谁是谁非，要靠实践来检验，由人民群众来选择，不能再拿方向、路线的大帽子来压人。

这次文件起草工作进展比较顺利，虽然对包产到户也有争论，但均属正常讨论中的不同意见而已，我在讨论文件的框架和提纲时，再一次提出给大包干到户正式报上户口。要承认各种形式的责任制，包括包产到户、包干到户，都是社会主义生产责任制的一种形式，给它上个正式户口。

1981 年 10 月 5 日到 21 日，全国农村工作会在北京召开。经过半个多月的讨论，最终形成了中共中央 1982 年 1 号文件。文件指出："目前实行的各种责任制，包括小额包工、定额计酬，专业承包，联产计酬，联产到劳，包产到户、到组，包干到户、到组等都是社会主义集体经济的生产责任制。不论采用什么形式，只要群众不要求改变，就不要变动。"文件最大核心和亮点是，第一次以中央文件的形式肯定了联产计酬、包产到户、包干到户"是社会主义集体经济的生产责任制"。这对于继续解放思想、推动家庭联产承包为主的生产责任制的发展起了重要作用，特别是最受农民欢迎的大包干到户，以燎原之势迅速在全国扩大开来。到 1993 年底，实行大包干到户的生产队已占全国生产队总数 98% 以上。有人戏说："过去，凤阳出了个朱元璋，统一了全中国，今天，凤阳又出了个'大包干'，也统一了全中国"。

在第一个中央 1 号文件的基础上，以后中央又连续颁布了四个关于农业和农村问题的第一号文件，五个 1 号文件的诞生，进一步消除了"左"的影响，对农村改革起到了重要的指导、推动作用。1993 年 3 月，全国人大通过决议，正式把家庭联产承包制载入宪法。

（杨继祥整理）

安徽农村改革的兴起

陆子修

1992年春天，邓小平同志到南方视察，在谈到改革时，说过“中国的改革是从农村开始的，农村的改革是从安徽开始的，万里是立了功的。”对此，万里则说：“农村改革之所以取得这样的成就，除了邓小平等中央领导同志的支持和广大农民积极的拥护外，还有就是得到一批政治思想强，理论水平高，真正了解实际，敢于讲真话，坚持真理，敢于为人民利益而斗争的领导干部、理论家、科学家、作家和新闻工作者的支持。”

包产到户、家庭联产承包制是怎样产生的？在什么情况下产生的？初期、中间经历了哪些曲折和斗争？我当时在滁县地委政策研究室担任主任，后来担任地委秘书长，亲身经历了这些事情。今天重点谈谈我所了解的情况和经历的过程。

1976年10月，“文化大革命”刚刚结束，“四人帮”虽然垮台了，但是“左”的思潮还相当严重。1977年6月，中共中央决定解决安徽省委领导问题，任命万里同志为第一书记，顾卓新和赵守一同志为省委书记，一同来到安徽，加强和充实省委领导班子。安徽是农业大省，在“大跃进”年代，安徽人民受极左路线的危害比较深，饿、病、逃、荒、死人的现象比较严重，损失很惨重。加上“文化大革命”时期，安徽多次遭受自然灾害，属重灾区，经济萧条，人民贫困。那时，农民的人均年收入不过百元，就这样还常常拿不到现金，连买油、盐都很难。那时全省农村工作主要是“农业学大寨、普及大寨县”。省委领导不能不思考这样一个问题：不把几千万农民最大限度地团结起来，积极性调动起来，农业上不去，就会影响全局。但是，农民的迫切需求是什么？靠什么来调动农民的积极性？千头万绪的农村工作又从何抓起呢？

1978 年 2 月 3 日，《人民日报》头版头条刊登《一份省委文件的诞生》一文中说：滁县地委《关于落实党的农村经济政策的调查报告》(以下简称《报告》)，“给省委领导以有益的启示。”这份《报告》是怎么产生的？又是怎么被发现的？怎么引起重视的呢？1975 年下半年，滁县地委组织 600 多名干部，分成若干个组，分别下到各地调查“农业学大寨、普及大寨县”的状况、成绩、问题、原因及今后怎么办。那时，这项工作由地委书记王郁昭同志亲自部署、地委副书记姬克东同志主要负责，我由于任地委政策研究室主任具体抓这个事，并带领调查组深入到来安、全椒、天长等县部分社队调查。整个调查历时四个多月，各地调查组写出上百份调查材料。我们在汇集、整理各地的调查材料时，发现了很多问题，特别是受极左思潮的影响，滁县地区“农业学大寨、普及大寨县”只局限于形式，已经学走了样，没有落实农村经济政策。各级组织相互攀比，互相跟风，制定了一些极端的制度，如：一、农村记工分一律按“大寨分”记，即男工十分，女工八分，半劳力七分；二、分配靠工分，干好干差一个样，多劳不能多得；三、分配不兑现。分配时，老百姓往往拿不到现钱，得工分多的户由得工分少的户“抵账”，老百姓叫作“青皮啃青皮”。这些制度严重地挫伤了干部、群众的积极性，使干部与群众之间的距离扩大，造成干群关系紧张。老百姓说：县里干部“屁股冒烟”(坐吉普车)、公社干部“屁股颠颠”(骑自行车)、大队干部溜溜地边(到处跑跑看看)、生产队干部扛锹抽烟。广大基层干部脱离群众，脱离实际，不参加生产劳动，免不了瞎指挥，使得集体生产受到严重损害。由于这些不合理的制度，大家干好与干差一个样，出现了上工一窝蜂，干活“大呼隆”，出勤不出力的局面。当时流行一些顺口溜：“上工磨洋工，你走我也走，工分七、八、九；你来我也来，上工带打牌；你来我也来，上工带做鞋（妇女）。”还有所谓的民主办社、勤俭办社也全是空话。大家在一起混日子，反正吃粮靠回销，用钱靠贷款，我穷你也穷，唯一的希望只是在自家的自留地里。所以那时还流行这么句顺口溜：“生产队里磨洋工，自留地里打冲锋。”安徽省乃至全国各地农村的情况基本相似，农民生活普遍贫困。就这样，省里的农村工作主要还在搞“大批资本主义，大干社会主义，大批促大干”等政治运动，导致恶性循环。周恩来总理看到了这些情况后，及时提出：落实农村经济政策，搞好分配兑现。中央还曾发了一个抓按劳分配、保证分配兑现的文件，希望在“旧体制”下解决农民劳动积极性问题。那时农村经济制度是“三级（公社、大队、生产队）所有，队为基础。”1975 年年底，我们根据各地的调查报告，整理出一份比较全面、客观反映全省农村状况、问题、原因和今后的解决办法——《滁县地委关于落实党的农村经济政策的调查报告》上报省委。1976 年 2 月，省委主要领导同志看到这份报告后，批评滁县地委是“以落实经济政策为名，抵制‘大批促大干’，抵制‘农业学大寨’运动”。这份报告被打入“冷宫”。

万里和顾卓新、赵守一同志来安徽后，顾卓新同志在了解安徽情况、翻阅省里文件和材料时发现了我们滁县地委这份《报告》。顾卓新同志认为《报告》对问题讲得实在、具体、尖锐，措施也很有力，即递送给万里同志。万里同志看后认为这个《报告》很好，并在这份《报告》上作了重要批示：“滁县地委组织力量深入群众，对农村经济政策认真进行调查研究，这是个好的开端。这个问题值得引起各地重视，《报告》中所提意见可供各地参考。”1977 年 8 月 1 日，顾卓新对滁县地委书记王郁昭同志说：“你们地委的那个《报告》，万里同志有批示，要很好的贯彻执行。你们地委组织几百人调查，写了几十份调研报告，可从中选取若干篇报送省委参阅。”王郁昭同志对我说：“那个《调查报告》，过去的省委主要负责人看了很反感，批评我们是以落实农村经济政策为名，抵制‘大批促大干’，抵制‘农业学大寨’。现在的省委主要负责人看了却很重视，认为很重要，这是好的开端，这个变化太大了。”我便遵嘱筛选了 29 篇典型调查报告，编印了一本《认真落实党的农村经济政策》的“黄皮书”，送请顾卓新同志审阅。不久在省委扩大会议（扩大到县委领导）上，万里同志的批示连同《报告》一起作为会议文件发给与会人员参阅。此后，省委派省农办副主任周曰礼同志一行来滁县作专题调查。周曰礼同志经过调查，写了一份《关于当前农村经济政策几个问题的规定（试行草案）》（简称“省委六条”），经省委常委讨论修改后，拿下去征求意见并作进一步修改。经过几上几下，修改出一个比较完整的草案。万里、顾卓新、赵守一同志带着“省委六条”（草案）先后到肥东县解集公社青春大队、长丰县吴山公社，向生产队干部、贫下中农代表进行宣讲，再分别征求意见，他们认真地倾听每位同志的看法和建议，边听、边记、边修改，使“省委六条”（草案）的有关条文修改得更加贴切、完善。1977 年 11 月 15 日至 22 日，省委召开了由地、市、县委和省直各部门一把手参加的以落实农村经济政策为中心议题的全省农村工作会议，再一次对“省委六条”（草案）进行认真的讨论和反复的修改，最后一致通过。这就是我所了解的一份省委文件诞生的过程。

“省委六条”的主要内容是强调农村工作要以生产为中心（当时的工作主要以阶级斗争为中心），尊重生产队的自主权；允许农民搞正当的家庭副业，产品可以拿到集市上出售；生产队实行责任制，只需个别人完成的农活可以责任到人等。现在我们说这些似乎不足为奇，但是在那“抓纲治国”的时期，这些都属“唯生产力论”，是“资本主义尾巴”，要批、要割、要砍。所以“省委六条”深受老百姓的拥护，人们奔走相告，处处热气腾腾。“省委六条”下达后，滁县地区同全省其他地方一样，在贯彻过程中普遍加强了人民公社的经营管理，加强核算等。但是随之出现了一个问题，那就是要加强经营管理，就要划小生产作业单位。当时划分了耕田组、栽秧组、收割组等，实行评工记分制，每个组都配有组长。在划小生产作业单位时，滁县地区有的地方偷偷搞起了包产到组、包产到户。也就是说，1978 年安徽省在落实农村经济政策时，一些地方偷偷搞起了联系产量责任制，有包产到组的，也有包产到户的。例如，来安县烟陈公社魏郢生产队搞了包产到组，玉明公社有 18 个生产队搞了包产到户，凤阳县小岗村搞了包产到户，还有天长县新街公社搞了棉田产量包到户。所以说“省委六条”是农村改革的前奏曲，是实行家庭联产承包制的前奏曲，没有“省委六条”，就不可能出现家庭联产承包。

1978 年滁县地区遭受了百年不遇的大旱，秋后地委召开四级干部会议，研究一年的工作。各县在汇报情况时，来安县县委书记王业美说：“现在干部的情绪不高，地委组织介绍的经验，大家不感兴趣。但是有的地区虽然天大旱，粮食反倒增产，这些地区能不能介绍介绍经验呢？”此时才暴露出三个典型，即：新界公社棉花包到户；烟陈公社魏郢生产队产量包到组；来安县的广大公社实行干部责任制，将大队和生产队干部的报酬与产量直接挂钩，增产发奖金，以此调动干部的工作积极性。实际上，安徽省各地在落实“省委六条”精神的过程中，也都纷纷突破了联产承包的禁区。王郁昭同志将地委四干会上暴露出的一些情况向万里同志作了汇报，万里同志说：“‘省委六条’也可以突破嘛！你说的典型，你们调查过吗？”之后，万里同志派新华社记者张广友随王郁昭同志一道来到滁县，我陪同张广友同志到这三处进行调查，情况属实。随即我率领调查组在这些地方深入调查，形成三份调查报告报送万里同志。万里同志看后对王郁昭同志说：“好啊！你们回去后可以搞试点。”我草拟了地委〔1979〕96 号文件上报省委，省委批示我们在一个县搞三种类型责任制的试点。接到省委的批示后，地委召开县委书记会议，传达省委“可以突破“省委六条”搞试点”的精神。具体讨论在哪个县搞试点时，各县的县委书记都积极要求将自己所在的县作为试点单位，地委难以摆平，只好决定每个县拿出一个公社参与试点。县委在召开公社书记会议，传达地委会议精神时，同样遇到了各个公社要求参与试点的问题，县委只好也采取在每个公社拿一个大队搞试点。在实施时，各地出现了无法控制的局面，1979 年各地的联产责任制蜂拥而起。1979 年 3 月 15 日，《人民日报》头版头条刊登了张浩写的人民来信并加了编者按，信中说：“现在实行的‘三级所有，队为基础’，符合当前农村的经济实际情况，应充分稳定，不能随便变更。”编者按提出：“已经出现‘分田到组’、‘包产到组’的地方”，应当“正确贯彻执行党的政策，坚决纠正错误做法。”时值国家农委在北京召开全国农村经营管理工作会议，那天我同王郁昭同志正在嘉山县吃早饭，在中央广播电台早间新闻联播节目中听到这个消息，觉得势头不对，我说："王书记，这可能有来头。"他说："我们赶紧回去。"我们乘车边走边议论，后来干脆下车到田头访问老百姓。当时正值春播，发现老百姓听到这个消息后，已经停止耕作。王郁昭同志对我说："赶紧回去给各县委打电话。"回来后，我根据王书记的指示写出几条意见，立即分别给各县委书记打了电话。电话的主要内容：一、春耕大忙季节已经开始，一切责任制都要稳定，不能变来变去；二、如果今后由于实行联产责任制出了问题，一切后果由地委负责；三、各种形式的责任制都要完善，以搞好生产和尊重农民意见为准；四、农时不可误，各级干部都要深入社队抓春播，认真解决问题。3 月 16 日，万里同志来到全椒、滁县、天长、来安、嘉山、定远等县视察，他对县委书记说："责任制是省委批的，有什么省委负责。《人民日报》发表一篇文章，你们就吓成这个样子，你们也可以写文章嘛！"万里同志在滁县地区说的这些话，被随行新华社安徽分社的记者以"内参"发到新华总社刊在《国内动态清样》上。万里同志来到嘉山县，在横山公社召开农民座谈会，直接听取农民意见，看到农民对责任制十分拥护，春耕搞得也好，非常高兴。刚吃过饭，接到北京打来的电话，具体谁打的我不清楚。晚上在观看京戏时，我问："万书记你的电话打这么长时间？"他叹口气说："王任重同志打来的，他问安徽责任制搞得如何？我说安徽连'包产到户'我都批准了。"王任重同志后来将情况向赵紫阳作了汇报。万里同志返回合肥后，又以省委名义给各地、市委书记发了"紧急代电"（八条），从而稳定了全省联产承包责任制。

1980 年万里同志离开安徽，张劲夫同志主持省委工作期间，联产承包责任制出现了波折。劲夫同志属认识问题，后来他自己也作了自我批评。据我了解，1980 年劲夫同志母亲去世后，他从北京回来，分南、北片（蚌埠、芜湖、巢湖等）召开了地、市委书记会议，我参加了两次。第一次在蚌埠开会，王郁昭在汇报工作时，张劲夫老是插一些与包产到户精神相抵触的话。会议总结时，劲夫同志在会上说："'包产到户'只能在个别地区搞，像这样大面积的搞是不行的。"此时，滁县地区的大部分地方早已将产量包到组了，名义上说是大包干到组，实际上是包干到户了。第二次省委是在巢湖召开的地、市委书记会议，王郁昭同志汇报中说：滁县地区已普遍包干到户了，怎么办？希望省委表态，我们好办。不然，省委这么说，我们那样干，引起下面混乱！劲夫同志说：你们滁县就那么干，不要变了。这次会上，我们还看到了邓小平同志关于农村改革问题的讲话，他肯定了肥西包产到户、凤阳大包干。从此，我们更加放心地干了。滁县地委在稳定、完善大包干责任制上做了大量工作，农业和农村经济有了较快发展。应该说，滁县农村改革的成功，一靠群众的创造，二靠干部的正确领导，三靠各方面的支持，尤其是基层干部的努力。

我再说一下“大包干”一词的来历，这是我亲身的经历，后来被误传了。1979 年上半年，各地普遍搞的是“定产到组”、“以产计工、统一分配”等形式的责任制，那时没有涉及“包”字，只是把产量定到组里后，以产计工，再统一分配。1979 年下半年，王郁昭、陈庭元和我到凤阳县城南公社岳陵大队岳北生产队调查研究。当时这个生产队正在分五个承包组，分组时出现了困难，分不下去。老百姓说：政府将产量定到组，组里有超产、有减产，粮食有潮、有干，上缴队里时不好办，不如将上缴国家和集体的数字直接定给我们，上缴后剩下的就属我们自己，这样我们执行起来比较方便。生产队干部、五个组长和社员在一起讨论，拟定所搞责任制的名称，他们想了许多，都觉得不合适。当时我身边有一本《红旗》杂志，里面有一篇毛主席在 1960 年河北邯郸会上的讲话，其中有句话是针对安徽省原副省长胡开明同志在会上说三级（公社、生产大队、生产队）所有，队为基础，不如生产队、大队按比例缴给公社，干脆来个分配“大包干”这句话的。毛主席开玩笑地说：“你胡开明呀胡开明，你糊喽开明，搞什么‘大包干’。”晚饭后，我把《红旗》杂志拿出来读给王郁昭、陈庭元听，建议我们责任制就用毛主席“大包干”这句话，他们说：“这个好啊，就叫‘大包干’。”后来就有了这句顺口溜：“大包干，大包干，直来直去不拐弯，保证国家的，留够集体的，剩下都是自己的”。“大包干”起源于这本《红旗》杂志，也就是说起源于邯郸会议，由胡开明提出的。1979 年 3 月 15 日后，万里来滁县视察，最后一站到定远县范岗公社，正值那里在发救济粮，乡里的人都去粮站领救济粮了。万里说我们开个座谈会怎么样。王郁昭说："好啊！"我便到粮站找来一些正在领救济粮的干部和农民，在乡政府召开了座谈会。万里问在座的农民，责任制搞的如何？老百姓说："我们搞不下去。"有的说："我们要搞凤阳那种办法，干部不同意。"万里同志问："凤阳是怎么办的？"王郁昭和我向他汇报了凤阳县采取大包干到组的方法。万里对农民们说："你们也可以按凤阳的办法搞呵！"万里同志就是从这次才知道什么叫大包干。以后，凤阳式的大包干在其他地区陆续发展起来，从大包干到组发展到大包干到户。6月，我们去巢湖参加地、市委书记会，路上我和王郁昭同志议论，建议他在这次会上要向劲夫同志摊牌，究竟我们这种责任制能不能搞，请他表个态，以利于得到省委支持，工作好做。会上王郁昭同志非常详细地汇报了大包干的具体做法和成效，说明我们是包干到户不是包产到户。劲夫同志说："郁昭同志，你讲的'大包干'做法我批准你们干。是'包干到户'也好，是'包产到户'也好，你们目前就按这个干吧！"此时我们才松了口气，大家都很高兴。会后，我们还到无为县考察他们搞的包产到户，听了县委书记谢永康介绍，实际上他们也是包干到户。当时，正值端午节期间，无为县几十万农民观看划龙舟比赛，农村一片祥和、兴旺的景象。此情此景，我还是在孩童时代见过。

（夏和朋整理）

凤阳大包干

陈庭元

我是1977年12月到凤阳县任县委书记，在这岗位上一直干到1985年4月才正式调离，直接参与了凤阳农村改革实行大包干、包干到户的全过程。

在任凤阳县委书记之前，我曾两次来过凤阳。第一次是在人民公社化初期，我因被错打成“右倾机会主义分子”，下调到了凤阳县东方红公社山西大队协助整社。在协助整社中，由于我的思想还是“右倾”，再次被调走。第二次是1972年我任滁县地区农业局长时到凤阳县小溪河公社齐营大队蹲点。两次到凤阳共五年时间，我亲身体会和目睹了凤阳人民的疾苦，也和凤阳人民结下了深情厚谊，这些为我下定决心要彻底改变凤阳贫困的面貌打下了基础。

我刚到凤阳县任书记不久，第一个春节前夕，分管农业的省委书记王光宇同志来县里检查工作，我陪他一起来到梨园公社前王生产队。前王生产队位于凤阳县东部，紧靠京沪铁路。全队十户人家，住的全是低矮、破旧不堪的茅屋，无饭桌、无板凳、无存水缸的家庭占全队的一半，有四户人家连个篱笆门也没有，不少家庭全部的家具就是一张泥巴床、一个泥巴灶，衣物是长年置放在泥巴囤里，一块不大的破布就能把家里全部衣被包起来。“泥巴墙，泥巴床，泥巴囤里没有粮。”便是这个村庄的真实写照。如此贫困，使得我一定要把省委负责同志带来看看。

农历腊月二十七，按说应是家家户户炊烟缭绕，准备喜迎新春的时候。但这个“家家要饭，人人要饭”的讨饭村，连过年的粮食都没有，大多外出乞讨，哪能见到炊烟，哪能听到鸡鸣！王光宇书记和我看到这样的情景，感到的是一阵阵辛酸和难过，不是滋味，便找来两把铁锹，到田里干起农活。村里的社员看见省委书记和县委书记来帮他们挖地，却无动于衷。我们的行动没有感动村里的任何人。

王光宇书记看到这样贫困的状况，临走前嘱咐我想尽办法要使社员过年时能吃上饺子。为了实现这点，我和县委其他领导同志一起奔波，终于使得一些特别困难的社员每人分到一斤半面、半斤肉和三斤米过年。

这个春节，我们县委过的很不安宁。江苏、浙江、上海、广州等地的电报接连不断地发来，内容都是一样，要我们立即派人把凤阳外流人员接回来。处理外流（逃荒要饭）人员，这是我任书记时遇到的第一件棘手事情。凤阳的外流人员遍及大半个中国，凤阳的穷在全国也是出了名的。凤阳县当时是全国有名的“三靠县”(“吃粮靠回销、花钱靠救济、生产靠贷款”)。凤阳到底有多穷，我这里掌握一些相关统计资料：自1956年至1978年的23年中，全县共向国家交售粮食9.6亿斤，而国家返销凤阳的粮食达13.4亿斤，购销相抵，凤阳倒吃国家3.8亿多斤。在23年中，国家向凤阳发放贷款、预购定金、无偿投资、水利投资计人民币13598万元，发给救灾款2838万元，而到1978年，凤阳农村集体固定资产总值仅有1879万元。我到凤阳县任职时，不少公社自成立以来，一直在解放前地主家的房子或日本炮楼内办公；不少大队从来没有办公的地方，大队干部走到哪里，哪里就是办公室；不少生产队即无公共积累，也无集体储备，连仓库都没有，甚至到了开会时无钱买煤油点灯的地步。农村集体经济实际上是个空壳。

人员外流问题，其根子就是个穷字。对我刺痛、记忆最深的一件事，1978年2月10日（农历正月初四），凤阳县一批外出要饭的农民，被接回临淮关收容站。我清早赶去看望他们。当时，我看到的是一群鹑衣百结、蓬头垢面的乡亲蜷缩在寒冷的地上，我的心直发酸，我蹲着和他们拉家常："为什么老要跑？""唉！谁愿意跑，离家离乡，看人冷脸。""说我们有讨饭的习惯，那是不凭良心，要不跑，得让我们吃饱肚子！""书记，我们回队后，还扣我们工分，扣口粮，办学习班吗？"这一串串硬邦邦的话深深地刺痛了我的心。

为了制止人口外流等问题，从1977年底至1978年初，县里召开了一系列会议，认真地安排好群众的生活；对群众反映较多的是要求把自留地退还给他们。群众要求退的，退还给他们。在一次社队干部会上，我讲：解放已经有20多年了，我们农民的吃饭问题还没解决，群众还要外流，我们当干部的心里好过吗？我们吃人民的饭，穿人民的衣，没有把人民的生活搞好。当干部的，党把这个地方的人民、土地交给我们来管理，搞了多年，社员还是没有饭吃，那怎么能行？

1978年初，我抛开所有杂事，一头扎进农村，一个公社一个公社地跑，一个村庄一个村庄地看，一家一户地访问，面对凤阳光秃秃的山岗，破旧的农舍，贫困的百姓，我明白要解决几千年来凤阳百姓梦寐以求的温饱问题，决非易事。但是我坚信，我们党既然解放了全中国，并在社会主义建设中不断总结经验、纠正错误，也一定能把人民群众从贫困中解放出来。为了发展生产和安排好群众生活，我首抓加大落实"省委六条"规定的力度。1977年11月20日，省委向全省农村颁布的《关于当前农村经济政策几个问题的规定（试行草案）》。全文有六条内容，人们简称为"省委六条"规定。"省委六条"规定，对凤阳县农村的发展，对安徽省甚至全国，是一份具有十分重要的历史意义的文件。1978年1月县委决定抽调240名机关干部组成工作队下乡推动"六条"的贯彻，工作组春节前后全部下乡到位。这份文件针对当时农村政策方面存在的几个严重问题，拨乱反正，做出新的规定，突破了许多禁区。是清除"四人帮"极左思想流毒，拨乱反正的一个重要成果。现在回头看，可以说这份文件拉开了中国农村改革的序幕。凤阳大包干也正是在这一文件的土壤里萌芽、成长、开花、结果。

根据"省委六条"规定，我们结合凤阳农村的实际，在全县广泛推行"一组四定"生产责任制。"一组四定"是在"三级所有、队为基础"的前提下，吸收了自初级社以来各种生产责任制的长处，形成的一种较为全面、系统和完整的生产责任制。它不仅与初级社、高级社、“四清”运动时期凤阳农村所推行的生产责任制相承接，也为凤阳大包干的出现奠定了基础，可以说是我们凤阳大包干诞生的前奏。

凤阳县农村改革，最初出现的形式是马湖公社的联产计酬。马湖公社位于凤阳县西南边界，地处偏僻，生产落后，因农民的主食是山芋，被称为“芋头乡”，年年靠吃回销粮。1978 年 3 月，在群众的要求下，马湖公社书记詹绍周和路西大队前倪生产队干部一起开会。会议决定，该队实行“分组作业，定产到组，以产记工，超产奖励，减产赔偿，费用包干，节约归组”的农业生产责任制。对马湖公社的联产计酬情况，我是在一次会议上了解到的。当年 4 月下旬，我在武店区组织武店、刘府两区的区社书记召开专门研究农业生产会议。会上，我要求大家谈谈凤阳县的农业究竟怎样才能搞好。参会的公社书记们一一发言，记得是 28 日上午，马湖公社书记詹绍周发言，他汇报了马湖公社前倪生产队实行联产计酬生产责任制情况。即在生产队统一领导、统一经营、统一分配下，实行分组作业、定产到组，以产记工，超产奖励，减产赔偿，费用包干，节约归组的三定（定产、定工分、定费用）一奖制度。他说，以前“大呼隆”时，我们想出了不少办法，如分组作业，死分活评。但是分组作业，有“组”不“作”；死分活评，则光“死”不“活”。上工像绵羊，休息像倒墙，下工似虎狼，出勤不出力。实行联产计酬后，好处很多：出勤出力，避免“大呼隆”；人人出点子，人人关心生产；以前社员干活只想千分（工）、不想千斤（粮），现在干活先想怎样收千（粮）、后想怎样千千分（工），干活既注重数量，也注重质量；小组人少，开会方便，干活灵活，记工省时间等。对马湖的办法我是支持的，但会上我不好表态，因马湖公社所推行的联产计酬责任制的核心是以产记工，这种责任制当时不仅违背了中央的有关原则，而且与省委的有关规定也相抵触。会后，我单独找詹绍周谈话，并提出三条意见：“1. 这种责任制肯定效果好，你们要先干起来，不要先讲出去；2. 不要听别人说这说那，你们要大胆实践，即干了就要干好；3. 要深入群众，了解情况，及时解决出现问题。”对马湖公社推行联产计酬当时有不少非议，但是我们县委采取“不宣传、不制止、不推广”的方式支持他们。随后由于马湖公社有一半以上的生产队搞起了联产计酬，詹绍周有些担心。5 月底的一天晚上，他到我家，向我汇报联产计酬已经在全公社推广，可能搞的面太大，已经有了影响。听后，我没有马上吱声，经认真考虑，我对他说你们已经搞开，那就搞吧，如果错了到秋后再纠正过来。这年全县自 3 月以来没有下过透地雨，到 6 月全县有 70 多万亩地受旱，旱情来得早，持续时间长，受旱面积大，这是解放以来没有过的。7 月，旱情更为严重。月底，我专程前往马湖公社检查抗旱抢种情况，詹绍周汇报说：今年虽然大旱，但由于搞了生产责任制，社员小股部队作战，抗旱效果好，生产形势好，计划全年总产 450 万斤，争取 500 万斤，如果达到这个产量，比 1977 年增产 80 万斤。通过到各生产队检查，对看到的和听到的情况我是满意的。年底，因大旱全县粮食大减产，但马湖公社基本上平产，实行联产计酬的生产队，有的平产，有的增产，没有一个减产。

对于马湖公社带头实行的联产计酬责任制，我是一直十分关注和支持的。马湖公社在实行联产责任制中，路西大队汪家生产队出现有一户单干的情况，这户社员姓王，两口子带三个小孩。分组作业时，各组都认为他难缠，不要他。最后生产队决定，把他挂名在一个作业组内，然后从组里分出九亩地让他单干。公社里把这种形式称为“组中户”。对这情况，我在马湖一次调研中对公社书记詹绍周说没有其他好办法，只好这样叫他干。这户单干的情况可以说是凤阳包干到户的萌芽。

1978 年 7 月 19 日，省委第一书记万里同志来凤阳检查工作。我和革委会主任吉诏宏同志把马湖公社联产计酬责任制的情况向万里同志作了的汇报。接着省委和中央政策研究部门先后派人来马湖调查，经过详细的调查，调查组的同志都对马湖公社的做法给予肯定和支持。

1979 年 1 月，中共中央下达〔1979〕4 号文件，将党的十一届三中全会通过的《中共中央关于加快农业发展若干问题的决定（草案）》和《农村人民公社工作条例（试行草案）》（简称“六十条”）在广大农村干部和社员中宣传、学习、试行。可以说是广大农村干部和群众渴望的联产计酬生产责任制，马湖公社所实行的“包产到组、以产记工”，终于被中央文件所承认。凤阳县大包干的出现，正是从马湖公社的联产计酬开始，跨出了关键性的、决定性的一步。

联产计酬生产责任制得到中央文件认可以后，如何在全县大规模地推广，成为我们县委的主要任务。马湖公社的联产计酬，虽是成功经验，但稍嫌繁琐。我们在推广中，各区社反映还是大包干好（即作业组保证完成国家粮、油、棉等征购任务和生产队的公共提留，其余收入由作业组自行分配）。当时群众中流传着“大包干，大包干。直来直去不拐弯；保证国家的，留足集体的，剩下都是自己的”顺口溜。我们县委通过认真的调查研究，认为大包干肯定效果好，也倾向搞，但是牵涉“三级所有，队为基础，统一核算”问题，不敢擅自决定。2 月中旬，地委书记王郁昭刚好来凤阳县检查工作，我和县委的同志一起向他汇报了凤阳县要求搞大包干的意见。后王郁昭书记请示了省委第一书记万里同志，同意我们的意见。在一次地委召开的各县县委书记和农办主任会议后，王郁昭书记告诉我，“你们就搞吧，可以先搞试验。”回到县里，记得是 2 月 20 日，我在县委工作会议上作总结时宣布，可以实行包括大包干在内的几种生产责任制。至此，全县 3357 个生产队中就有 2473 个生产队实行了“分组作业，定产到组，以产记工，超产奖励”，实际上就是大包干。

对于实行大包干最困难的时候是 3 月 15 日，这天《人民日报》一版头条位置刊登了张浩的《“三级所有，队为基础”应当稳定》的读者来信，并加编者按。指责搞责任制是倒退。这一下，我们县里就像油锅撒了一把盐，一下子炸开了！人心开始浮动了，干部群众害怕和担心的路线斗争、政策多变的日子又来了！就连一些原来赞成实行大包干的同志，有的思想也开始动摇起来。那时凤阳县的情况，农村的作业组已经划分开了，土地、农具已经分开了，农民筹集的钱款已经换成了化肥和种子，如果强行命令农民重新拢起来，后果将不堪设想。对于出现的这个问题，我们及时得到了省委和地委强有力的支持，记得 3 月 16 日省委书记王光宇来凤阳县，当我把我的想法告诉王光宇书记时，王光宇书记当即就说：老陈，凤阳不要动了，就这样干吧！特别是 16 日当晚，在滁县地委检查工作的省委第一书记万里叫随行的新华社记者张万舒打来电话：不要再动了，让实践来检验，要能增产明年还要搞。地委也打来电话要求不要动。记得在回答地委的电话中我说：春耕生产开始了，大包干责任制是不能再动了，我是王小二盖猪圈一心朝南啦！所以凤阳县的大包干终于稳定下来。

包干到户，凤阳县小岗村是首先开路的。

小岗，是梨园公社严岗大队的一个生产队。新中国成立初期，称小岗村。1955 年秋季以前，小岗农户基本上都是单干，常年粮食产量都在 18 万—19 万斤之间，好的年成 20 万斤以上。那时，每年都能卖给国家 4 万—5 万斤粮食。合作化后，由于生产、分配等全由社统一核算，农民生产积极性大受影响，干活“大呼隆”、分配吃“大锅饭”时的小岗集体生产无人关心，耕牛死了，犁耙破了，谁也不心疼。经济收入不断减少。特别是“文化大革命”十年中，这里政治运动不断，人心斗散了，土地斗荒了，粮食斗少了，社员斗穷了，集体斗空了。生产队干部像“走马灯”一样换来换去。全队 17 个男劳力，有 15 人先后当过队长、副队长。20 户人家户户当过干部。小岗人曾算过这样的账：人民公社成立 10 周年时，小岗队的粮食总产仅是 1955 年的 12%，人民公社成立 20 周年时，粮食产量仅是 1955 年的 20%。这样冷酷的数字，怎么能叫小岗人忘了单干的黄金岁月和 20 世纪 60 年代初的责任田。正是在这样的条件下，刚刚允许他们联产计酬，他们就偷偷地包干到户了。

1978 年秋，梨园公社实行联产计酬。种麦之前，只有 20 户，115 人的小岗村，根据上面的规定，分成两个作业组。麦子刚种齐，各作业组内部又“捣”了起来。队领导无法解决，便请示公社，要求再分组。公社书记张明楼知道农民生活的困苦，更了解这个队“难缠”，破例同意小岗分成四个组。谁知四个组刚分没几天，各组内部又都闹了起来。其原因是组越小，劳动中谁吃亏、谁占便宜，看得更清楚，利益冲突更直接。十多天后，队里便瞒着公社将全队分成八个作业组，作业组多为父子组、兄弟组。但就是这样，父子、兄弟间各自讲吃了亏，有的互相不理睬，组内吵闹、打骂时常发生。到了 10 月，又是“算盘响、换队长”的时候，梨园公社任命严俊昌为生产队长，严宏昌为副队长，严立学为队会计，三人组成新的队领导班子。面对如此僵局和混乱，新上任的队干部在一天夜晚召集全队社员开会，除严国昌、关有德外，其余 18 户全部到齐。会上大家你一言我一句，“1961 年搞的责任田很管用，要想不吵不闹，只有分开干。”“只有单干，我们才能不吵不闹。”“既然大家想单干，我们当干部的也不装孬”等。会上 18 户社员形成一致意见，分户单干。至此，小岗人开始了包干到户。

俗话说，世上没有不透风的墙。对小岗的情况，我是 1979 年 4 月 10 日知道的。那天下午，我到梨园公社检查工作，在即将离开时，公社张明楼书记流露出说：我们公社有个队出了问题。我问：哪个队？什么问题？他说：是小岗生产队，他们早就把土地分到户干了，我们公社最近才发现。我问：怎么分的？他说：他们把土地、农具、耕牛和上交国家、集体的任务全部分到户，讲穿了，就是单干。我说：你们公社过问了没有？他说：我们也是刚刚知道，正在做思想工作叫他们并起来。当时我没有吭声。在返回县里途中，我又转回到小岗。到小岗，就见满地里的三三两两的社员在专心干活，在村北地头，我见 30 来岁一男一女锄花生地里的草，便问：今年花生种得多不多？他们答道：又多又好。我说：看架势，你们是分到户干的吧。他们马上说：不是。我们是分到组干的。我笑着说：既然是分到组干，你们的组怎么才两个人呢，组里其他人呢？你们是两口子吧？……其实我一到小岗，看到他们干活的情景，地里块块花生种得像摆棋子一样，就知道是怎么一回事情。

小岗队包干到户的突然出现，外界的非议和压力很大。公社为了压小岗重新合并起来，扣除牛草，化肥、种子、贷款一律不给小岗。对于小岗队包干到户这个重大问题，能否叫他们试试？！带着这个问题，4 月 15 日我又一次来到梨园，并和公社张明楼书记一起来到小岗村。在田里，我们一边察看一边询问生产队干部队里的有关情况。我问严宏昌：“为什么要分到户？”“陈书记，我们队在一起干了 30 年，生产从未搞好过，最差的一年午季，每人只吃一斤半小麦，一般的年成只吃一二百斤粮食，年年吃回销，年年外流。社员都说，如今上面的政策有点松了，我们分到户干，想找点门路，多收点粮食，也减少国家的麻烦。”“花生是分到户种的吗。”“是的，只要不受灾，今年花生产量能抵过去的五年。”在检查中，我把张明楼叫到一边协商说：“就叫他们干一年试试看呢！”“他们已经穷‘灰’掉了，还能搞什么资本主义，最多也莫过于多收点粮食，解决吃饭问题。”“他们已经分开了，春季庄稼都是各家各户自己种的，并起来也不好打工分，就让他们干着看看，上面不叫干再说，反正种的庄稼跑不到哪里去。”最后张明楼和我的意见一致起来。对小岗生产队出现的包干到户，我们仍然是采用支持马湖的方式“不宣传、不制止、不推广”，保护和支持了他们。

我们凤阳农村改革可以说每遇到关键时刻，都得到了万里书记的支持和保护，离开万里的支持，凤阳大包干很难成长起来。1979 年 4 月，中共中央批转国家农委党组报送的《关于农村工作座谈会纪要》的通知，以中发〔1979〕31 号文件下达全国各省市及有关单位。文件中有如下三点内容：1. 人民公社的“三级所有、队为基础”的制度应稳定；2. 不许划小核算单位；3. 包产到户是一种倒退。而凤阳大包干与上述三点是相违背的。中央 31 号文件下达后，不少基层干部群众怕“变”，当时下面就流传着“大包干，虽然好，就怕长不了，最多干一年，明年就变了”。针对这种思想，我们县委于 5 月 1 日下发了《关于认真搞好联系产量责任制的意见》，向全县农村干部群众说明大包干仍是集体，不是单干，是符合中央关于生产责任制的形式可以多种多样、不搞一刀切的指示精神的。虽然起到了一定的稳定作用，但仍不能彻底消除怕“变”思想。真正让群众吃下定心丸的是万里书记的一句话：那就让他们干三五年。1979 年 6 月 5 日下午，万里书记到凤阳县检查工作，详细检查和询问了凤阳县农村情况。当他听我汇报：我们县的许多群众对大包干很感兴趣，他们编了许多顺口溜，什么大包干，大包干，直来直去不拐弯，交足国家的，留够集体的，剩下都是自己的；大包干，大包干，直来直去不拐弯，只要给干三五年，有吃又有穿；大包干，真正好，干部群众都想搞，只要给干三五年，吃陈粮、烧陈草……他听后高兴地笑了起来。他说：那就让他们干三五年。只要把凤阳花鼓（指外流讨饭）解决掉，我批准他们干。除了这个办法（指大包干）外，还有什么好办法，县委也批准他们干。不要怕，思想要彻底解放。我们现在是解决吃饭问题，只要坚持土地集体所有，不准买卖，不准雇工剥削，单干也没有什么了不起。……“那就让他们干三五年。”万里轻轻的一句话，像一阵清风，吹去了挂在我们凤阳几十万干部群众心中的阴影。

实践证明大包干确实是一种行之有效的责任制。到 1979 年 7 月，大包干在凤阳县仅经过不到半年的时间，已取得了 20 多年从来未有过的大丰收，全县 715000 亩小麦总产达 17747 万斤，比 1978 年的 12158 万斤增长 46%。社员平均口粮 250 斤，比 1978 年增长 80 多斤。梨园公社是全县最贫困、落后的地区。实行大包干，午季小麦总产 170 万多斤，加上社会产量 40 万斤，比 1978 年增产一倍还多。小岗队 1976 年午季人均口粮 5 斤 8 两，1977 年 19 斤，1978 年 40 斤，而 1979 年达到 150 多斤。

为了请上级在文字上而不是口头上给大包干这种责任制报上合法的户口，1979 年 7 月 1 日，我们县委以文件的形式（《农业经济管理的一项重大改革——关于在农村实行“大包干”办法的报告》）上报地委、省委。上报的主要内容：1. 1978 年秋种前后，凤阳县部分社队实行社队联系产量的生产责任制。1979 年 2 月，在全县范围内有领导有步骤地推行大包干办法。目前，全县 3609 个生产队中实行大包干的有 2554 个生产队，占生产队总数的 70.8%。2. 经过半年的实践，特别是经过夏收夏种的考验，可以明显地看出，大包干办法，优越于包产到组、以产记工办法，更优越于生产队按定额记工和按时记工的办法。今年凤阳县夏收夏种的大好形式，是 20 年来没有过的。出现这样的好形式，是有多方面因素的，但实行大包干办法是个重要的因素。广大干部群众普遍反映：“大包干，大包干，即省事，又简单，干部省心，群众喜欢。”3. 实行大包干办法，对改变后进社队的面貌，效果特别显著。凤阳县 44 个公社，有一半公社长期低产落后，年年吃回销，年年有外流。实行大包干以后，生产发展快，面貌变化很大，午季小麦块块丰收，队队增产，并且涌现出一大批成倍几倍增产，一季翻身，结束了长期吃回销粮历史，甩掉了落后生产队的帽子。江山公社是长期低产落后公社，年年靠吃回销粮，实行大包干以后，小麦总产达到 257 万斤，比 1978 年 172 万斤增长六成，加上社会产量 50 万斤，实际增产九成，完成征购任务后，人均口粮在 250 斤以上。前王生产队多年来生产靠贷款，生活靠救济，吃粮靠回销，被人们称作“五保队”。全队

300 亩耕地，正常年景亩产不过百斤，社员生活极其困难。实行大包干以后，常年外流的 12 人都回来了，土地扩种到 500 余亩，今年午季收小麦 41000 斤，一季完成全年 3800 斤征购任务，平均口粮 222 斤。雁塘头生产队 1978 年人均生产小麦 160 斤，1979 年收小麦 56000 斤，人均生产 700 斤，比 1978 年增产四倍以上，完成全年征购任务 6000 斤，又卖超够粮 7000 斤，一季完成两年的征购任务，社员口粮平均吃 400 斤，最高的户吃 700 斤。

8 月 8 日，我们凤阳大包干责任制首次在报纸上登台露面。《安徽日报》一版头条位置刊登了《农业经济管理的一项改革——凤阳县在农村实行“大包干”办法值得提倡》一文。文章摘自 7 月 1 日凤阳县委写给地委并省委的报告。这篇文章的发表，标志着中共安徽省委对大包干的正式肯定和向全省推广。

大包干刚刚得到承认，而社员们又要求单干。从大包干到组过渡到大包干到户。这是在中国农村改革中，我们凤阳农村所独自走过的一段路，也是摆在我们县委面前最艰难的一段路。

1979 年 8 月 16 日至 21 日，为了交流大包干的情况，统一对大包干的认识，讨论巩固、提高和完善大包干的措施，我们县委召开了区委书记会议。会上各区委书记反映社员普遍要求单干。造成社员普遍要求单干的原因：主要是大包干到组这一生产责任制的自身原因，作业组虽小，但五脏俱全，它仍像一个小生产队，生产“大呼隆”没了，“小呼隆”又出现；分配上吃“大锅饭”消除了，吃“小锅饭”依然存在。其次受小岗队实行包干到户和零星的包干到户（“组中户”）的影响。尤其是获得大丰收后，包到户获得的实惠明显摆在那里，没有包到户的不少地方反映强烈，他们说：同是一个政府，为什么他们能干，我们为什么不能干？有的地方公开搞起了包干到户，并宣称小岗合并我们才合并。

由于中国农村改革还处于起步阶段，所以当时把包产到户、分田单干仍视为洪水猛兽。从 1979 年以来中央连续下发了 4 号、31 号文件，以及十一届四中全会通过的《中共中央关于加快农业发展若干问题的决定》。这些文件、决定都明文规定：不许（要）包产到户，不许分田单干。在我们县委的上面是文件、制度、理论的规定，作为一级党组织，不能不服从中央；在我们县委的下面，则是被贫困折磨得已是遍体鳞伤的几十万农民，作为一方地方官，解脱本地民众的贫困是我们最大的责任。

1979 年，大包干可以说在凤阳显示了巨大优越性，全年粮食总产为 4.4 亿斤，比 1978 年的 2.9 亿多斤增长 49%。这一增长速度，在全省是名列前茅。搞包干到户的社员收入到底怎么样呢？下面列举几个我亲自到农户家中调查了解到的事例：在小岗村，严宏昌对我汇报自己家的情况——全家 6 口人，2 个劳动力，包 27 亩地，开荒 9 亩，收小麦 2500 斤，稻子 3000 斤，玉米 100 斤，黄豆 300 斤，山芋干 3800 斤，总产 9700 斤，人均生产 1610 斤，卖给国家 3000 多斤粮食；在陈圩公社路岗大队已实行包干到户的史明成（生产队大包干分组作业时因他家人多劳力少，各组不要，而成的“组中户”）家中，史明成说：我家 9 口人，承包 20 多亩地，全年人均收粮 1300 多斤，比实行大包干的作业组人均多收 400 斤；在城南公社岗集大队实行包干到户的陈明祥家，陈明祥汇报说，全家 7 口人，午季收小麦 7000 多斤，全年总产 13000 多斤，人均生产接近吨字粮。

正是在以上这种情况下，1979 年秋收以后，包干到户在凤阳县快速发展。到 11 月，据不完全统计，全县有 7160 个农户包干到户，约占全县总农户数的 7.5%，并出现了许多“发权”形成的包干到户和“明组暗户”（上面来人检查，社员把耕牛拉在一起，一起去劳动；检查一过，社员有各自分开，搞起瞒上不瞒下）。如果不加以限制，要不了一二个月，全县 90% 以上的农户都要实行包干到户，这将危及刚刚获得上级批准试行的大包干的存在。同时，面对“不许包产到户，不许单干”的压力。在这种双重压力的作用下，当年 11 月 27 日县委向各区、社党委作了电话通知，共有 6 条，其主要内容是制止、纠正蔓延全县的单干。由于我们在制止过程中“硬在嘴上，软在心上”，“行动上反对单干，思想上想单干”，所以各地依然有不少农户继续在搞包干到户。更重要的是，在执行重要六条规定的过程中，全县没有一个党员、干部为此受处分，也没有一户单干社员的生产资料被收回。

12 月中旬，我又前往梨园公社，公社干部认为，县委批准小岗包产到户是口头宣布的，没有任何一级文件正式批准，万一县委负责人调走了，怕无人能承担这个责任，县委应该下一个文件才好。因为这在当时是一个大是大非的问题，涉及国家的制度和社会主义方向的重大问题。我认为公社干部的要求是合理的，可以理解，必须向上级如实汇报，取得上级的支持。于是，县委派吴庭美同志前往小岗调查，写出了一篇题为《一剂必不可少的补药——凤阳县梨园公社小岗生产队包干到户的调查》报告。在这篇长达7000余字调查报告中，回顾了小岗解放后20多年的坎坷历程，介绍了小岗人实行包产到户的过程和一年后丰收的喜悦，叙述了小岗生产队目前的困难处境。调查报告以极其鲜明的态度讴歌了包产到户生产责任制是医治小岗群众和凤阳人民贫困的一剂必不可少的补药。

给包产到户在安徽落户口，这是需要极大的政治勇气。1980年初安徽省委召开的全省农业会议可以说是一次解放思想、大胆改革的大会。会议期间，我将《一剂必不可少的补药——凤阳县梨园公社小岗生产队包干到户的调查》这份调查报告交给了万里书记。后来新华社记者张广友告诉我：万里接到调查报告后，像读小说的那样，一口气连看了两遍，被在小岗所发生的事情感动了。万里书记在闭幕式上的总结发言，是在中国农村改革中一篇具有划时代意义的重要讲话。它的核心是代表省委明确指出："包产到户是一种联产承包责任制，应允许同时并存。"它充分反映了广大农民的迫切要求和发自心底的呼唤。万里的讲话一出，立即受到全省广大干部群众的热烈欢迎。也给我们凤阳的包干到户注入了前进的动力。

1980年1月24日，省委第一书记万里在地委书记王郁昭等陪同下来凤阳县梨园公社小岗生产队视察，我和县里的领导一同随往，万里书记一进村就向前来欢迎的群众说："你们小岗现在是怎么干的？""我们是单干的。"群众中有人高声回答。万里一边走，一边纠正说："这个名字不好听，还是'包干到户，责任到人'好。"在听取小岗一年来取得的成绩汇报后，万里说："你们这样干，形势自然就会大好。我就想这样干，就怕没有人敢干。你们这样干，我支持你们。"一位当地的干部问："周围群众都吵着要学小岗，怎么办？"万里说："学就学呗，只要能多打粮食，对国家多贡献，社员生活能改善，群众要怎么干就怎么干。”……万里不仅批准了小岗的包干到户，而且批准了小岗的经验可以学。万里的讲话很快传遍了梨园，传遍了我们凤阳各地，强有力地保护了包干到户。

1980年春，在中国农村改革中又出现了新的阻力，特别是万里书记调离安徽去北京工作后。从中央到地方，对包产到户进行了猛烈的抨击。在这一逆境下，我们依然执行万里同志在年初召开的全省农业会议的决议，采用默许的方式，为包干到户开了绿灯。

凤阳县从大包干到组过渡到包干到户，首先是在东三区开一个小口子。东三区（板桥、小溪河、总浦区）长期低产落后，有的地方还很穷，粮食不够吃，群众要求搞包干到户。根据这些具体情况，20世纪80年代初，县委常委会、县革委会专门召开了一次会议统一思想，决定：关于责任制问题，西三区（武店、刘府、大庙）以大包干为主；门台区以一组四定为主；根据全省农业会议精神，东三区长期落后的偏僻地区，经过区委批准，可以有领导地搞包干到户。但在接着的县委召开的区委书记碰头会上，征求大家的意见时，未被通过。因县、区、社的书记们都清楚知道这样一个现实，只要在生产责任上为包干到户开一个口子，只要允许少部分社队包干到户，那么这种深受干部群众欢迎的责任制，犹如燎原烈火，很快蔓延到全县每个角落，任何力量也阻挡不住。为了保护大包干不受包干到户的冲击，会议的结局只能是这样。

随着群众强烈要求搞包干到户的呼声，为了坚持群众利益，我们县委采取分区开会的办法，2月初，召开板桥区、社书记座谈会。首先为东三区的板桥区的包干到户开了绿灯。从此，板桥区成为东三区和全县实行包干到户的突破口。为了更好总结、宣传和推动包干到户，4月下旬，我们县委向全县印发了县委政策研究室《关于板桥区实行“包产到户”情况的调查》和中共板桥区委会《关于农业生产实行“包产到户”责任制的几点意见》，对包干到户给予肯定。《关于农业生产实行“包产到户”责任制的几点意见》可以说是中国农村第一个关于包干到户的管理办法。这两篇材料尽管写得粗糙，很不完善，但这毕竟是在当时反对声浪中，艰难地发出了声音。

1980 年 5 月 31 日，邓小平与中央负责人作题为《关于农村政策问题》的谈话。“农村政策放宽以后，一些适宜搞包产到户的地方搞了包产到户，效果很好，变化很快……‘凤阳花鼓’中唱的那个凤阳县，绝大多数生产队搞了大包干，也是一年翻身，改变面貌。有的同志担心，这样搞会不会影响集体经济。我看这种担心是不必要的。”这篇谈话稿就像春风一样，为彻底扫清长期禁锢人们“左”的思想铺平了道路，为我们实行包干到户清除了障碍。此时，包干到户在凤阳县的东三区基本上全部实行，在西四区成倍增长。在这种的局势下，虽遇各种干扰和阻力，但我们县委终下决心，于 6 月 23 日正式决定，东三区可以搞包干到户，西四区一般只搞大包干到组。8 月 9 日，县委又决定，除城西、城南两个公社不搞包干到户外，其余的地方均可实行。随着包干到户在全县绝大部分地区的广泛推行，我们看到，与其跟在群众后面让其自发地搞，不如尊重群众的意愿，因势利导，站在群众前面去领导他们干。9 月 1 日，我们县委正式颁布了《关于农业生产包干到户的管理办法（初稿）》。从此，包干到户在凤阳县正式落了户，并进入不断完善的新阶段。

1980 年，我们凤阳县虽遇（麦收前后连续两个多月的阴雨天、七八月发生多年未遇的洪涝灾害、中晚稻又出现严重的虫害等）各种自然灾害，但仍获得农业丰收。全县粮食总产达 50247 万斤，比 1979 年增长 14.2%；油料总产 2063.8 万斤，增长 65%；农副业总收入达 10310 万元，增长 14%；人均收入 180 元以上，增长 20%；人均口粮由 1979 年的 650 斤增长至 750 斤。实践充分证明了包干到户更能调动广大社员的积极性，促进生产的发展。

为了更好地完善包干到户生产责任制，1981 年 5 月 16 日，县委《关于进一步加强和完善包干到户生产责任制的意见》的文件向全县农村各基层下发，指导全县的工作；1982 年，我们县委对 1980 年 9 月 1 日制定的《关于农业生产包干到户的管理办法（初稿）》，经过一年多实践中的不断修改，重新制定了《关于包干到户的管理办法》。包干到户在凤阳县从此走上了规范化正轨。

凤阳的大包干、包干到户，实来不易。创造的主人，是千千万万个贫穷的凤阳农民。是凤阳人民在长期贫困和极左错误下，为了温饱，冒着受批判、蹲班房的风险，一步一步地闯出来的。是党的十一届三中全会点燃了“解放思想、实事求是”的火炬，照亮人们的眼睛，帮助凤阳人民逐步扫清了“左”的障碍，使他们抛去一切顾虑，闯出了一条适合我国国情的社会主义农业发展道路。

（夏和朋整理）

宣城县实行包产到户的情况

朱景本

1975 年，我调到宣城任县委书记。宣城虽然是江南的鱼米之乡，但一到春天，农民就开始要回销粮。记得南湖公社全年征购 60 万斤粮食，但回销粮也要了 60 万斤，这使我感到很纳闷。在以粮为纲的年代，我经常跑农村，发现农民的自留地长得很好，大田（集体耕种的田地）的庄稼却不怎么样。在地委开会时，地委书记夏德义常常讲到农村的情况，说农村“出工一条龙；干活大呼隆；出勤不出力；到晚一样工”。作为县里的一把手，这些情况不能不引起我的思考。

回想解放后农村从互助组到初级社到高级社再到人民公社的发展过程，我发现农民生产积极性受到压抑是造成农村问题的重要原因。互助组时，农民的土地是私有的，大家你帮我，我帮你，积极性很高。初级社时，农民拿土地入股，收获后，除了向集体交公积金、公益金，剩下的按照入股土地和劳动力进行分配，土六劳四，农民的积极性也是高的。1955 年实行高级合作社，随后又实行了人民公社化，土地归集体了，实行按劳分配，但怎么分，很长时间一直是个问题。开始是评工，劳动一天，晚上评工，但评工过程中常争执不休，到天亮也评不好。后来就定为男劳动力 10 分，出工一天给 10 分工，女劳动力 6 分，出工一天给 6 分工。这种记工方法，群众没有积极性。后来又实行死分活评等方法，但也都评不好。最后，中央提出学大寨，大寨的方法是劳动分加政治分，根据政治态度评工分，国家希望通过学大寨来调动农民的积极性，提高粮食产量，发展农业生产，但这个办法也不能从根本上解决农民生产积极性问题。

我正在思考着农业怎么搞的时候，1977 年，新华社在江西召开全国记者会议探讨农村工作问题。会议传达了一个信息，说农业要发展必须实行包产到户。这个信息进一步引起我的思考，给了我很大启发。但在当时，搞包产到户被认为是解散了生产队的集体经济，是受到批判的，那是个高压线，谁也不敢碰。

1977 年 6 月万里到安徽任省委第一书记，11 月省委制定了发展农业生产的“六条”，确定以生产为中心，对调动农民生产积极性发挥了一定作用。1978 年，全省大旱，万里、王光宇来到宣城视察，回去后，省委发出通知，借地给农民种小麦，不征购、不超购，让农民度过来年的春荒。这个决定使农民的生产积极性空前高涨。我去周王大队检查工作时发现，一些农民趁着夜里的返潮和凉气打着灯笼种小麦。这一动人场景，使我进一步认识到，农业生产如果不和农民的利益结合起来就很难搞好。

1978 年 10 月，县委召开常委会议研究农业生产发展问题。我在讨论中建议，实行包产到组、按产计酬、超产归组的办法来调动农民群众的生产积极性。包产到户是个体，但组还是集体的嘛。问题提出后引起热烈的讨论，有的常委认为这个办法好，但也有人担心。县委副书记刘梦祥问：“这么大的问题，要不要请示地委？”我说：“现在还不宜请示，这样的问题地委肯定不好表态。一旦提出反对意见，我们就要遵照，包产到组就搞不成了。还是先干吧，干了再说。”大家反复斟酌，最后决定每个公社搞个包产到组试点。为贯彻县委的决定，我们召开了三级干部会议布置试点工作。会后，思想解放的公社负责人就搞起了试点，南湖公社未经试点就逐步推开了。也有的公社负责人思想保守，不仅不搞试点还压制大队搞包产到组。

因为没有向地委汇报，包产到组搞起来后，我的心里惴惴不安。当时地委有几个人在杨柳公社蹲点，于是我向地委秘书长钱育青介绍了情况，希望通过他向夏德义同志汇报一下。秘书长回去后，夏德义打来电话，先是批评我们："这么大的问题，省委没有指示，你们不请示就擅自作主。"接着又指出："我们几个书记研究了，现在全部收回来也是不现实的，这样吧，缩小试点范围，县里搞一个点，各个公社就不要搞了。"遵照地委指示，我们在周王大队搞全县包产到组的试点，其他公社虽然表面上说不搞了，但实际上暗地里坚持了下来。

由于包产到组把农民的利益和生产结合了起来，农民的生产积极性很高。1979 年春夏之交，地委在周王大队召开各县县委书记会议，总结包产到组的经验。大家现场了解了包产到组的效果，看到了农民的生产积极性，地委领导的态度有了转变。会后，地委专门发了文件在全区推广包产到组。

洪林桥公社鸽子山大队在包产到组的基础上进一步搞起了包产到户。1979 年清明前夕，鸽子山大队吴西生产队秘密开会，决定分田到户种，实行"以队核算；统一分配；定产到田；责任到人"，一夜之间就把田分到户，并制定了几条共同遵守的规定。很快，吴东、鸽前、鸽后等生产队相继搞起了包产到户。大队领导心中有数，能瞒则瞒，暗地支持。公社党委负责人怕犯错误，派出纠偏工作组。群众当着纠偏干部的面表态纠正，给纠偏工作组一个空欢喜，但暗地仍是一家一户生产。问题反映到县委，县委认为：如果硬纠正，不仅违背农民意愿，还会贻误生产；不纠正，又不符合上面政策，于是就采取了不宣传、不制止的态度。很快，包产到户扩展到整个鸽子山大队，并带动了周边地区，在全县形成强大的冲击。

秋收后，县委副书记刘梦祥去洪林公社检查工作，回来后对我说，搞包产到户的鸽子山大队征购任务完成得最好，不仅在全县最早完成 35 万公斤粮食征购任务，还出售超购粮 25 万公斤。于是我决定亲自去看看。在鸽子山大队，我看到群众家稻子堆积如山，农民群众个个喜笑颜开。洪林桥公社有个干部名叫朱学武，家是鸽子山的，他领我去了他家，只见堂屋里堆满了一袋袋稻子。朱学武向我介绍说，农民现在除了种田的积极性极大提高以外，连治虫的办法都科学了。过去搞集体时，农民在大太阳底下也撒农药。虫子被太阳一晒都躲到在叶子底下，不在叶面上，这时候洒农药效果不好。现在，农民在太阳快落山时撒农药，这时候气温降低，虫子爬到了叶面上，洒农药效果自然要好得多。

随后，就包产到户后的几个问题，我又问了大队副书记丁德伦。

问：实行包产到户后，耕牛问题怎么解决？

答：过去实行包产到组，一个组固定一条耕牛。现在实行包产到户后，一个组的耕牛大家轮流用。

问：怎么解决喂的问题呢？

答：谁家用，谁家喂。

问：放水问题怎么解决？

答：过去放水是穿田漫灌，现在是在田头开沟引水。

问：五保户怎么解决？

答：过去是生产队负责，现在是每家出一点。

……

听了大队书记的回答，我所担心的耕牛、水利、五保户等问题都得到妥善解决。我想起万里同志说过的话，只要做到三增加（即集体收入增加、农民收入增加、国家收入增加），什么样形式的生产责任制都可以试。既然包产到户实现了三增加，调动了农民的生产积极性，那么就可以搞下去。于是，我肯定了鸽子山大队的做法，并下决心支持鸽子山大队包产到户的做法。

鸽子山大队包产到户在全县引起了争论，有人说我们是单干，在当时，单干的含义就是资本主义，弄不好会被扣上“走资本主义道路”的帽子。也有人说我们的做法，造成了“穷的穷、富的富、帮的帮、雇的雇”的现象。对于这两个问题，作为县委书记，我只有站出来回答。

我说：既然单干是资本主义，那么开拖拉机开汽车的都是一个人在干，那么他们是社会主义还是资本主义呢？判断是不是社会主义，不能根据是单干还是双干，而是要看生产资料的所有制性质。旧社会的单干，生产资料是属于私人的，土地是农民的；现在的单干，土地是集体的，农民拥有的只是经营权，两者是有本质区别的。

对于包产到户造成所谓“穷的穷、富的富、帮的帮、雇的雇”的现象，我说：解放后农民经过土地改革，都看到了斗地主的场面。恶霸地主都被镇压了，农民还想当地主吗？现在土地是集体的，农民没有权利去买卖土地，不会造成两极分化。农民有了钱不能买土地，就会去盖房建楼，买家具，买农业机械，甚至旅游去呢（实行包产到户后，周王公社和平大队的一个农民真的坐飞机去杭州旅游了）。

1979 年秋，全县在县委党校办大队书记学习班，讲到农村实行生产责任制的情况，大队书记们提出要去看看。我说，可以选择两个地方，一个是周王公社，包产到组的；一个是鸽子山大队，包产到户的。看过之后开座谈会，大队书记们提出，周王大队的办法太复杂，我们学不来，鸽子山大队的做法简单，我们就同意这个办法，要求县委表态。我当即表态说："既然大家同意鸽子山的做法，可以回去试。"

学习班结束后，大队书记们回去纷纷开始着手搞包产到户。当时，一些公社领导的思想仍然不通，造成了工作的被动。但群众搞包产到户的积极性是按捺不住的。五星公社专门召开广播大会阻止群众搞包产到户，丁桥大队书记腿摔坏了，行走不便，就骑着"大牯牛"到公社去评理，要求搞包产到户。裘公公社领导也思想不通，对群众说："要么我不在裘公当干部，要么你们把户口迁走。"群众坚定地说，谁压也不行，包产到户我们搞定了！就这样，包产到户以锐不可当之势在全县遍地开花。

1980 年 1 月，省委召开全省农业会议。在这次会议上，我介绍了宣城搞包产到户的做法。之前，我专门向万里同志汇报了宣城搞包产到户的情况。万书记高兴地说："这个办法好，就要实行这种办法。"我问万里书记："中央 32 号文件规定包产到户可以在偏远地区和大山区搞，其余地区不可以搞。宣城是鱼米之乡，能不能坚持搞下去？"万里说，我坚决支持你们。万里书记的明确态度解除了我的后顾之忧，坚定了我们搞包产到户的决心，促进了包产到户在宣城的推广，1980 年上半年，宣城全县除极个别大队外都实行了包产到户。

总之，在宣城实行包产到户，是一个在实践中逐步发展的过程，也是一个在思想上逐步认识的过程，是广大农民抓住有利时机充分发挥出创造性的生动体现。

（杨继祥整理）

固镇县推行农业生产责任制的经过

陈复东

我原在安徽省委党校工作，1965年被作为“修正主义分子”，下放到砀山县“改造”，在那里我与农民一起劳动、一起生活了几年。我了解农民的真实生活情况，亲眼目睹了人民公社时，由于吃“大锅饭”，农民干活出现“一窝蜂”、“大呼隆”的出工不出力的消极、怠工现象，切身感受到人民公社所带来的一些弊端。举个例子，那时北方有一种用牛拉的车子叫太平车，四个轱辘，后来改为人拉。我在砀山劳动时，像这样的车子，装了半车粪就要由43人来拉，当时我也在其中。那时妇女为了挣一天的3分工，她们边拉车边纳鞋底。有一个小伙子拉着拉着，队长在一边喊道：“小李子，你的绳子怎么拉弯了？”

我初到固镇时，真理标准问题的讨论已经普遍开展，生产承包责任制的理念正处于萌芽状态。由于砀山给我的印象太深，到固镇后，我深感不能再这样下去，思考如何将农民的积极性调动起来，改变这种“一窝蜂”、“大呼隆”的磨洋工现象，把生产搞上去。通过真理标准问题的讨论，我的认识得到了进一步的提高，特别是邓小平“不管白猫黑猫，逮住老鼠就是好猫”的这句话，对我启迪很大。我想，只要有利于提高生产、有利于调动群众积极性、有利于增加老百姓收入的办法，就可以采用。我将自己的想法提到县委班子，经过认真讨论，大家一致认为：只有充分调动群众的积极性，给予群众相应的自主权，放开他们的手脚，才能改变吃“大锅饭”的现象。为此我们走访了一些群众，从地域特征、种植习惯等几个方面进行了深入、细致的调查。我们了解到固镇地多人少，人均3亩地，但产量很低。原因是虽然这里不太适合种植水稻，但它可种植的东西很多，如豆类、烟叶、花生、油菜等。在“以粮为纲”、“超纲要生产”的大环境下，农民被迫一律种植粮食，即便遇到自然灾害，粮食收成巨减，甚至绝收的情况时，农民也没有补种或改种其他作物的选择。甚至农民在自留地上种点自己吃的菜或自己吸的烟叶都会被视为“走资本主义道路”，一律被砍掉。油料作物虽然能够提高产量，增加收入，老百姓也习惯于种植，但农民没有选择的权利。加上人民公社时，大家在一起吃“大锅饭”，劳动与报酬不能成正比等，这些都严重地挫伤了农民的积极性，因此出现了出工不出力、消极怠工等现象，以致产量低下，恶性循环，大量土地荒置。1977年底，县委根据上述情况和群众意见，决定下去调研，寻找解决办法。我在调查中发现有一件事很值得我们深思：当时曹老集公社刘台生产队计划当年种植30亩花生，因为缺种子而影响了及时下种。生产队长在无可奈何的情况下，提出了一种各显神通的办法，就是谁有种子谁种，谁种谁管，谁管谁收。后来队长看花生长势较好，又提出每亩缴公280斤，超产全归己。当时只有一户社员估计自己无产可超不同意，其余都一致赞成。由于社员精心施肥、管理，收获时平均亩产400多斤，户户超产，最高有600多斤。我们从刘台生产队得到了启示，最后县委做出决定：拿出人均1.5亩土地，由农民自己选择种植品种和种植数量。为了对上级有所交代，向上面我们只说是“不动磙子包到户。”不动磙子的作物有：山芋、花生、油菜等，占农作物的80%，比重很大。我们考虑到固镇地势低洼，经常遭受水灾，因此我们在做出上述决定的同时，配套加强了固镇的水利建设，采取“沟网化”，即：一亩地三面沟，因为沟与沟之间相连，既利排水又便于灌溉。决定实施后，农民多支付一份劳动，就多有一份所得，看得见，摸得着。因此社员非常重视自己的责任田，他们劳力、辅助劳力一起上阵，起早贪黑地在田间干活。特别是夏收、秋收大忙季节，男女老少人人上阵，很多人都吃睡在田间，没日没夜地干，根本不需要干部督促，生产完成得又快又好，出现了前所未有的新景象。过去的那种“喊破嗓子敲破钟，上齐还要一点钟”、“晚上工，早下工，干活磨洋工”的现象为之一扫而光。群众中流传一句顺口溜：“一亩地三面沟，人家不收我有收。”群众的生产积极性大大提高，产量连年上升。1978 年各地陆续出现了种植花生、烟草、油菜的冒尖户。群众中又流传出顺口溜：“固镇要想富，三油（花生、芝麻、油菜）迈大步。”县委顺应民意，拿出一半土地种三油，大幅度地调整农业生产结构，从而促进生产力发展。至今固镇仍是全国种植花生的生产基地，王庄为固镇之首。

人均 1.5 亩地，从农业种植结构的调整来说，固镇县的做法可以说在全国是率先的，为此省农委开会还赞扬了我们。我们从 1977 年推行这个方法，到 1978 年人均增加 170 元，还出现了人均上千元的冒尖户，这在当时是翻天覆地的变化，了不起呀！但受“左”倾影响，出现冒尖户后，县委有些领导感到不安，心想上级没有号召，这样搞行吗？那时省委借地度荒政策出台不久，省农办政策研究室主任周曰礼、新华社张万舒（老家在肥西）向我们透露“肥西山南公社已经推行责任制，效果比较好，四川也在搞。”新华社的陈大斌同志，他是固镇人，对我说：“邓小平的思想路线就是放开手脚，加快经济发展。”他们的一番话，增强了我们县委领导进一步发展生产的信心，对我们来说可以说是中流砥柱。于是，我们想就当前的形势召开冒尖户表彰大会，以此进一步调动群众的积极性，把生产推向新高潮。我们在向地委领导汇报时，书记说：“你们要开会，就开个劳模会算了，什么冒尖户，冒什么尖？”泼了我们一身冷水。听了书记的话后，我半夜没有合眼，思考着这个会到底开不开。后来想想，他们在上面感受不太大，我们在基层体会深刻，群众有了一定的积极性，我们通过表彰冒尖户，将群众的积极性进行再次调动，将它推向高潮，有什么不好？肥西离省里这么近都搞了包产到户，我们开个冒尖户会还有什么可怕？再说，我们有群众基础，即便日后组织为此给予我处分，群众会支持我、同情我，这样想来信念也就坚定了。当时县委有些领导动摇，有一位领导对我说：“你开冒尖会，我们跟着你冒险。”我对他说：“实践证明，让群众富起来是好事，难道要让群众穷一辈子？我们一定要开这个会，以此充分调动群众的积极性，让大家都富起来，我们豁出去了。”之后我们做了充分的准备工作，将一些冒尖户的姓名、照片印制在印刷品上，准备发给参会人员，顶着风险大胆召开了冒尖户表彰大会。通过这个会，整个固镇县干部、群众的积极性进一步调动起来了，全县上下出现了积极生产的新高潮。至此，地委、县委仍有一些领导还在犯嘀咕，为了解除他们的顾虑，我带着材料向省委领导进行汇报。我找到省委副书记兼秘书长袁振，向他作了详细的汇报。他说：“这种做法好啊！这在全省还是第一例，应该向全省介绍、推广。”1979 年 11 月《安徽日报》用一个整版报道了我们县的经验，并发表了《为社员劳动致富叫好》的评论。之后，省委在合肥稻香楼宾馆召开了五个县委书记会议，宣城县县委书记朱景本、嘉山县县委书记贾长志、全椒县县委书记王杰、来安县县委书记王业美。固镇县由我参加了会议，我们在会上分别做了经验介绍。那时肥西县率先试点包产到户，我们县搞了人均 1.5 亩土地种植三油。我认为这个会议进一步奠定了安徽省推行责任制的基础。固镇县在烟叶的种植上，省里给予了特殊关照。那时王光宇率领农口的同志在我们这里蹲点，当时国家对烟叶的种植有严格的控制，农口的同志为我们县尽力争取，以致固镇最高时种植烟叶面积达 27 万亩。后来烟叶的生产技术又向江南推广。由于他们那里掌握不了种植特别是烤烟制作的技术，所以没有推广成功。1980 年我被派去中央党校学习。

（方晔整理）

关于家庭承包制的产生与发展

周曰礼

我先谈点个人的观点，从大包干、包产到户开始讲起，由后往前谈。包产到户、农业“三改”，都是农村改革。农村的所有改革，都是在大灾之年为摆脱贫困，在这个前提下提出来的。我们省提出的大包干、包产到户，准确的提法应该叫家庭承包制，这是中央最后统一的说法。大包干就是包产到户，包产到户也就是大包干，有的同志说有区别，我看没有多大的区别。如果说有区别的话，就是有个别县的领导人害怕单干，硬性做出规定，各家各户收获的产品都要上交生产队，由生产队统一分配。但实际上，没有一个生产队听话真照着做的。可以说大包干是更彻底的包产到户。

家庭承包制的产生与发展

家庭承包制是1978年安徽遇到百年未遇的严重干旱情况下提出来的。1978年大旱的情况，当时淮北的湖底干裂，小塘、小坝里一点水都没，干得见了底；江淮地区旱情最为严重，土地龟裂。因没水，当时人们形容水塘里的老鳖都干死了，天上飞的麻雀飞着飞着就掉下来了，山上的兔子跑着跑着就渴死了。在定远县，有几十万人没水喝，靠解放军用汽车送水来解决喝水的问题。1978 年秋天，因严重缺水，到秋种的时候麦子种不下去。省委决定集体土地种不下去，干脆就借给农民。借给农民每个人两三分田种蔬菜，当时叫“保命菜”。借给农民的土地就随便他们种什么，种菜可以，种粮也可以。有的地方看秋种实在是种不下去了，就干脆把集体的全部土地都分到农户，包产到户就从这里开始的。

1978 年安徽农村的这次改革，是从肥西县山南区开始的。山南区有六个公社，1000 多个生产队，十几万亩土地，基本上分到了户。按省委要求，肥西县其他地区的土地没有全部分到户。在这种情况下，我们下去调查，发现土地分到户后，农民秋种的积极性非常高。这一带的土都是黄泥巴，干得像石头，硬得不得了。拖拉机的犁铧进不了土，即使进了土也拖不动，用老牛耕地就更不用说了。农民就用锹挖，用四齿扒子翻，用榔头砸，总之农民想尽一切办法及时完成了秋种任务，而且种得多、种得好。我们看到有的农民晚上洗脚水都不舍得倒掉，都要倒到田里去。当时人民来信多得很，反映山南搞单干。山南区区委书记汤茂林和区委的干部，包括下面的公社干部都害怕。那时刚好十一届三中全会召开了，中央要求要原原本本地向农民传达会议文件精神。这样，1979 年 2 月初，春节刚过，我们十几人到肥西县，县委也抽出十几个人，一共三十几人一起到山南去宣讲文件，不光宣讲，还要组织农民讨论。为什么选择去山南，就是因为当时人民来信很多，主要反映的就是这个地方搞单干，单干其实就是包产到户。我们就到人民来信多的地方去，所以我们先到山南公社。当时就我个人的思想是倾向于包产到户，因 1961 年曾希圣搞责任田时我参加过试点，对农民有好处。但是，我们这次去宣讲，中央文件明确规定了两个不准干：一个不准分田单干，一个不准包产到户。所以我们也不能表明我们的态度，要按照中央文件精神讲话。在当地我们把大家召集起来，文件读过以后，组织群众讨论，可谁都不发言，没人讲话。我们只好开始诱导，叫他们回忆什么时候生活得最好。老百姓有的讲土地改革时生活好，不少人讲是曾希圣搞责任田的时候生活好，责任田时生活好是因为土地分到户、老百姓生产自由。会上我们进一步引导他们说：中央期望你们多提意见，你们有什么好办法就提出来，我们把你们的意见向中央反映。群众中有人说：包产到户中央文件上讲不准干。“如果你们认为包产到户这种办法好也可以提。”我们这样一讲，老百姓的话匣子就打开了。他们讲“早也盼晚也盼，最后盼到两个不准干”；有的讲上面不相信我们农民等。大家讲了很多想包产到户的意见。

2月5日我返回合肥，当晚就向万里书记汇报，反映下面老百姓对包产到户要求强烈，这件事情怎么向农民表态。万里说：上面一再强调不准包产到户、不准单干，这不是一件小事，我还不好向你表态，明天我们开常委会再说，看大家的意见怎么样。第二天，万里主持召开常委会，我把山南农民讨论的情况向省委常委会作了汇报。常委会上对此意见不一致，有人提出：按中央文件上讲不准干，我们要表态同意农民干，这是违反组织原则的问题，下级要服从上级，我们不能干；还有的人提出来，如果我们要同意农民干，首先要向中央写报告请示，中央同意以后，我们再表态。过去对责任田的批判，人们已被搞怕了。大家讨论了一上午，意见统一不起来，到了中午12时，万里讲：我们先吃饭，吃过饭后我们下午继续开会。下午2点钟省委常委会继续开会，万里首先征求王光宇的意见说：王光宇同志，你对这件事情怎么看。光宇同志作了发言，他说：按道理讲包产到户这个办法，它能调动农民的积极性、能避免干部的瞎指挥、多收粮食，这是肯定的。但是，过去十几年批判包产到户，把大家搞怕了，特别是“文化大革命”时期安徽几十万干部因包产到户的问题受到批判，有些领导干部因包产到户的问题戴高帽子、游街、批斗，现在如果要同意群众搞包产到户，首要的问题是要把干部的思想弄通、解决好。干部的思想问题不解决，群众要搞也是搞不起来的。万里同意王光宇同志的看法。万里当时说的两句话我觉得是很精彩的：“过去批判过的东西，不一定是错误的；过去提倡的东西，不一定就是正确的，要靠实践来检验。”最后万里下了决心，他提出一条建议：把山南公社作为省委的试点，进行（包产到户）试验，搞一年。年底总结，这个办法好，我们就搞；不好，我们就收回来。如果滑到资本主义道路上去，也不用怕，我们有办法把他们拉回来。即使收不到粮食，省委负责调粮食给他们吃。最后省委常委会一致同意万里同志的意见，同意将山南公社作为省委的试点。

我们原来的工作队，也就成为省委在山南公社试点的工作队。第二天，我就赶回山南，把省委的意见向干部、群众一宣布，干部、群众无不拍手叫好。原先我们工作队到山南时，包括老汤（汤茂林）以及公社书记在内都怕，因为过去十几年，批判资本主义，包产到户当时是同资本主义画等号，对包产到户大家是提心吊胆、心有余悸，省委的决定一宣布，心里的一块石头总算是落了地，思想上的包袱终于解除了。原来省委要求，山南公社搞包产到户试点，报纸不报道、不宣传。但山南公社可以搞包产到户的消息不胫而走，山南区的六个公社一下子都冒出来，全都搞了包产到户，都要求和山南公社一样成为省委的试点单位。山南区六个公社都搞了包产到户的情况，我及时向万里作了汇报：不是山南公社一个公社，山南区六个公社都搞了，是六个公社。万里说：你可害怕。我说：我不怕，我是乐意干的。万里说：不要怕，让他们搞。搞到年底，不行我们再把它拉回来。但是，肥西县别的公社的农民都闹翻了天："这不行，山南能搞我们为什么不能搞？"有好几个公社的书记跑到我办公室来，强烈要求搞包产到户。我说：这件事你们党委自己决定，搞包产到户还要叫哪个批准吗，群众愿意，干部要求，你们胆子放大一点，不要动不动就往省委跑。我记得当时主要有新仓、丰乐等几个公社书记往我办公室跑得最积极。当时一个多月的时间，肥西县搞包产到户的生产队一下子占到总数的40%左右。这时候我有点害怕，省里只同意我们搞试点，可现在这个面搞得这么大，将来怎么交代。万里知道后说：不要怕，肥西他们要搞就叫他们搞，全县都搞也可以。肥西收不到粮食，省委负责调粮食给他们吃。那时肥西县动起来的消息传出后，全省也动了起来，许多县委书记直接找省委第一书记万里，说省委在肥西搞试点，我们那里也要搞试点。这时万里感到有点担心，对跑来要搞包产到户的县委书记们讲，你们最好要等等，看看肥西这个试点的结果，等年底我们开会来总结，如果确实是个好办法，你们再搞也不迟。现在春耕生产大忙已开始，你们要集中精力把春耕生产搞好，到秋后、年底再看情况。到五六月，大体上各种形式的责任制基本稳定下来了。

在四五月，有不少人民来信写到中央去，反映安徽搞包产到户。万里要我们起草一份电报，将安徽农村生产责任制情况正式向中央报告。电报稿子是3月写的，这份电报稿子把各种责任制形式做了一个统计，其中讲到包产到户在全省占到1%左右（实际10%也不止）。当时，下面给上面写报告反映情况，百分之百反映真实情况的不多，反映问题都是七扣八扣，反映的问题到最后也就不多了。

电报发过以后，中央农委召开会议，要各省汇报贯彻中共十一届三中全会两个文件精神的情况，省委指定要我参加这次会议。3月15日，会议在毛主席纪念堂招待所召开，参会的有七个省（湖南、广东、四川、安徽、江苏、吉林、湖北）的农委主任，我那时是副主任。会上我汇报情况整整谈了一天，最后我表明了我的态度，我倾向于搞包产到户。搞包产到户的好处，我讲了好几条。结果在会上引起了强烈的反对，湖南的农委主任拍着桌子差点和我打起来，争论得非常激烈。3月25日下午，华国锋召集我们参会人员开座谈会，向他汇报会议情况。为向华国锋汇报，会议起草了一个《会议纪要》，汇报会议的结果。《会议纪要》是由国家农业部的一位副部长起草的。对他起草的稿子，会上就我一个人表示不同意。我认为包产到户与分田单干不能等同，不同意包产到户就是分田单干，包产到户仍然承认生产资料集体所有制、承认按劳分配。我的观点是只要包产到户仍然承认生产资料集体所有制、承认按劳分配，它就与分田单干有根本的区别。就为这个意见，会议上意见统一不起来，最后，主持会议的杜润生对我讲：你把你的意见单独写一个稿子，作为纪要的一部分，你单独向华国锋汇报。所以《会议纪要》有两个稿子带到汇报会上去了。下午3点钟会议开始汇报，首先杜润生把会议总的情况向华国锋作了汇报，然后汇报《会议纪要》，念完《会议纪要》后，我接上去念我的稿子。华国锋听了以后，觉得这个《会议纪要》怎么还有两个稿子，问：这是怎么回事。杜润生又解释了一下说：会议上意见统一不起来，请华主席最后来拍板。我的稿子就是倾向于搞包产到户。最后华国锋讲话，他也不说包产到户不好，他说：我在湖南当省委书记的时候，湘潭地区是水稻产区。水稻的收获，一个脱粒、一个运输。水稻脱粒都是脱粒到桶里头（需要几个人抬桶），几个部分工序是互相配合的，必须要一个小组，最少要七八个人才能够配合好。包产到户是一家一户哪有那么多人，你们到水稻收割的时候怎么搞。我说：华主席，这好办，群众当中从古至今他们都有相互帮助，提倡今天你帮我、明天我帮你，农村里就是这么干的。国务院副总理王任重是分管农业的，华国锋把他叫到旁边说了一些什么，我坐得老远听不到，只见王任重出去了。后来知道王任重出去是打电话找万里，打了好长时间，一直打到滁县嘉山才找到万里。他问：你们安徽搞包产到户到底搞到了多少，你们来参加会议的同志大吹特吹包产到户，这些你们知道不知道。万里说：知道，周曰礼同志是我派去的，他的意见省委已讨论过了。王任重表了一个态既然你们省委定的，就按你们省委的意见办，现在是过渡时期。王任重过了好长时间才回到会场，他打电话的事当时我一点都不知道（回来之后，万里把我找去对我说：你在北京开会，王任重给我打电话了解你这个人是干什么的，说你的意见省委知道不知道，我都给你担过去了。这时我才知道这些情况。当时万里如果不担待一下，我还真麻烦呢）。在人民大会堂向华国锋汇报，那次汇报会开了六个半小时，汇报会是从下午 3 点钟一直到晚上 9 点半，晚饭也是华国锋招待的。最后这个会议的《会议纪要》把我所讲的主要的内容都用上了，但打了折扣：包产到户在偏远地方、独家独户的地方或贫穷的山区可以搞。当然，这已是为包产到户开了门，上了中央文件，入了户，这也是很不容易的事。

1980 年 1 月 1 日，省委召开农业会议，分析各种形式的责任制。万里在会上作了总结，讲话稿是我们起草的。万里在会议上说：包产到户也是一种责任制的形式。当然他还讲了好几种。省委的农业会议是 1 月 12 日结束的。

1 月 10 日中央在北京召开农村人民公社经营管理会议，我到北京参加会议时会议已经开了两天。会议指定要我在大会上发言。大会发言限定每人准备15分钟的发言稿。第二天我就发了言，当时哪有时间准备稿子，我只好草拟个提纲上去就讲，一讲就讲了两个半小时，尽是吹包产到户好，那都是实实在在的材料，一是与生产队原来的老办法比较；二是包产到户的增产比率最高等。我一看手表已是两个半小时，我就对杜（润生）主任说：我的时间到了。他也看看表还有半个小时会议结束，因下午是3点钟开会到6点钟散会。他说：还有半个小时，你再讲，剩余半个小时你把它包干了。要求只讲15分钟，一讲讲了三个小时，三个小时我讲得快活，可会上炸锅了。散会后和我同在一个电梯上的一个人就跺脚说：这还得了，把中央文件拿到会上批判。后来会议对小组进行调整，把倾向于安徽意见的省，如山东省调整到华北组去了。我是华东组，中央的新闻单位的记者基本上都到华东组来。华东组基本上是围攻安徽，上海、江苏、浙江、江西、福建等省的参会同志基本上都是不赞成安徽的做法。最后上海的一位老同志说了一句公道话，说：不要吵了，你们省有你们省的情况，安徽有安徽的情况，我们上海有上海的情况，最后看中央的态度。就这样才把小组会议上的激烈争论平息下来。这次会议最后也向政治局作了汇报，我们参加了。记得当时李先念、胡耀邦、邓小平、华国锋、王任重、余秋里等都到了，汇报的程序同1979年的那次会议是一样的。杜润生汇报完后，华国锋比较谦虚地说：政治局委员先谈谈你们的意见。当时在会场上我就一直在认真听，每个发言的态度，基本上都是否定和反对包产到户。最后华国锋讲话，基本上是把1979年的讲话重复一遍。讲完后华国锋说：邓老，现在该到你讲了。邓小平说：你们今天的会好像主要是讨论包产到户，这么大的事情，你们事先也不给我打招呼，到这个时间搞突然袭击，我脑子考虑都没考虑，现在叫我谈什么意见，这个问题以后考虑成熟了再谈。这是1980年的事情，会议结束我回到安徽，会议大体情况我向万里作了汇报，并向万里请示，这次中央会议纪要、会议精神要不要传达。万里说：算了吧，我们省农业会议刚开过，下面正在执行，你这个会议精神与我们省委的会议精神不一致。所以，这次中央开会的会议精神安徽没有传达。

回过头来再说我们省里的情况，说1979年那一年的情况。我们对外是省农村政策研究室，政策研究室一共只有12人，那时在省直机关绝对孤立，特别是在农口部门。当时省里负责农口的部门中，主要是农业厅、林业厅的部分负责同志下去，对下面鼓动说：包产到户不能搞，中央对此不同意，你们要考虑考虑，以后是要犯错误的。万里发现这个情况后，在省直机关干部大会上拍着桌子说：省直机关有些领导干部不支持农村改革，在那里煽阴风点鬼火，你们为什么对农民没有点感情？你们没事时为什么不到搞包产到户的地方去看看，征求一下农民的意见？1979年，下面干部思想比较解放的地方好一点，但多数的地方干部思想不解放，与农民的想法顶牛。当时农民的顺口溜很多："下面盼，上面放，中间有个顶门杠。"干部中也有顺口溜："看产量，喜人；看方向，怕人。"

1980年，万里任国务院副总理兼国家农委主任，分管农业。在安徽，张劲夫同志接万里的班，在召开省直机关干部大会的交班会上，张劲夫表态：前面乌龟爬开的路，后面乌龟跟着爬。他来安徽以后，分片召开会议。首先在蚌埠召开了北片会议，有阜阳、宿县、滁县等几个地区的代表参加。这个会议我也参加了。张劲夫在会上主要讲了两个观点：第一个观点："严重的问题是教育农民"。这句话是毛主席1949年6月30日在《论人民民主专政》的文章中讲的，毛主席的这句话没有过时，同样适用于现在的情况，这个状况还没有改变。这是一个观点。第二个观点：我们现在有些人对待农民有过去列宁批判过的"工团福利主义"思想，具体地讲就是我们有些干部有迁就农民落后思想的情绪，这主要指包产到户。当时我没讲什么，我认为这是他个人的看法，初来乍到，对农村的一些实际情况还不太了解。王郁昭参加会议时有点紧张，会后他把我找到他的房间说：火药味重，我们都是"工团福利主义"。"工团福利主义"曾被共产国际批判为修正主义。我说：等等再看，不慌。

会后，省委领导召集舒城、庐江两个县的负责人谈话，责成他们与肥西县开展竞赛，进行对比。庐江有一个公社书记因支持包产到户，被抓到公安局里关了七天，还要开除他的党籍。结果1980年的粮食产量怎么样？舒城县粮食减产1.7亿斤，庐江县粮食减产3亿斤，而肥西县粮食增产 1.5 亿斤，庐江县这个鱼米之乡还出现了逃荒要饭的现象。1980 年，安庆地区因受水灾在全省粮食减产最厉害，我们到桐城县调查，派人到岔路公社的一个庄子去调查，这个庄子里有两个生产队，庄子西头的生产队是搞包产到户的，东头的生产队是集体统一干的。因受水灾，西头搞包产到户的生产队把水稻从水里捞上来，家家户户都把稻子放在家里晾干没有发芽。东头的生产队把水稻收上来后堆在一起，结果全部发了芽不能吃。我们派去搞调查的两个人住在庄子西头的生产队，老百姓是杀鸡给他们吃，儿子、媳妇当天结婚，把床让出来给他们睡，感谢他们。东头这个队的一位老太婆生病，想吃点浓稠的稀饭也没办法，家里人只好拿些米（发过芽）到西头队的亲戚家换点好米回来烧给她吃。这些写成材料，很感动人。那年，桐城县就这个搞包产到户的生产队是唯一一个粮食增产，而其他的生产队以及安庆地区其他各县粮食都减产。面对这个情况，所有的县委书记都没有话可讲了，大家一下子都清醒了。当时安庆地委书记思想有些想不通，后来万里把他找到北京去谈了一次话，回来以后他迫不及待地全面推行包产到户。

农村经济要不要进行改革？在与邻省接壤的边界地区也闹得很紧张。如江苏省在靠安徽的边界地区安装了不少高音喇叭，并派省委常委坐镇指挥，整天通过喇叭高喊：坚决抵制安徽的单干风，坚决反对走资本主义道路。省委书记在干部大会上宣扬说，安徽现在大搞资本主义，我们江苏不搞。

这一段农村改革大体情况就是这样。我讲的这几件史实，主要的意思是反映十一届三中全会以后农村第一步改革非常艰难。上面，中央这一级的阻力大，到省里这一级阻力也很大。安徽省特别是万里走了以后阻力更大，下面还好。我总的感受农村第一步改革来之不易，大家都要珍惜。这次农村改革是从安徽开始，对全国来说安徽是带了头的，它的意义相当大。我们安徽从 1978 年 9 月开始一直到 1981 年一共用了三年半的时间才完成这项任务。全国到 1984 年才完成，因 1980 年在全国还有争论，在全国用了四年的时间才完成农村改革的任务。农村改革的第一步，它的意义非常深远，它涉及各行各业，因农村是社会的重要基础，它与各行各业都有千丝万缕的联系。我写过《农村改革为全国经济改革打开了大门》的文章。农村改革后，工业改革、商业改革、教育改革、医疗改革等逐项开始，这是从全国来讲、从全面来讲的。另外就从农村本身来讲，为改革人民公社体制创造了条件。对人民公社我给它取了一个名字叫“怪胎”，它从出世的那一天起就带来了许多弊端，党政不分、政企不分，带来了浮夸风、“共产风”、干部特殊化风、强迫命令风和生产瞎指挥风等。这些真是害死人，特别是“共产风”在人与人之间、穷与富之间等搞平均主义，把人的生产积极性都搞光了。

1981 年完成农村改革后，1982 年我们就着手对人民公社体制的改革。先在凤阳搞试点，把人民公社改为乡，恢复乡党委、乡政府，把原人民公社的经济工作这一摊子改造成为农工商联合总公司。当时农村改革的任务很重，乡政权的建设、人事的调整等遇到了许多的难题，也留下了许多后遗症，现在来看比较清楚。我听讲现在有的地方一个乡镇所有干部加起来有一百四五十人之多，这些人都是要老百姓负担。今天我给你们所讲的事，我们回过头来想一下：我们中国社会主义建设有好多事都是属于没有经验，特别是老一代领导人他们都是从革命年代走过来，大家都急于改变中国的贫穷落后面貌，用心是好的，但对许多事情操之过急，照搬照套苏联的经验，甚至超越客观条件的许可盲目蛮干，因而对中国社会主义建设造成了严重损失。从整个国际共产主义运动来看，许多国家都犯过“左”的错误，如过去苏联、东欧一些国家“左”的东西太多，我们的农村人民公社也不是中国的独创，苏联早就搞过，但是人家当时就改正了。我以前写过一篇《家庭承包制探讨》，介绍了从马克思到列宁有关农业合作化理论的阐述，马克思、恩格斯、列宁所倡导的农业合作化，与我们的高级农业合作社以及人民公社制度根本是两回事，我们没有把马克思关于农业合作社的理论搞懂。国际共产主义运动走过了 100 多年，通过这次改革我们的脑子才算清醒起来，才恢复到马克思原来的理论上来，但走了 20 多年的弯路。这一次农村改革的伟大意义，我现在一下子还说不全，想到多少说多少。

家庭承包制在安徽产生的历史原因

安徽为什么能在全国带头搞家庭联产承包制，它有其历史原因，这就是 1961 年曾希圣同志在安徽搞的责任田。他当时为什么搞责任田，首先讲他搞责任田是怎么想起来的。他也是在极端困难的情况下没有办法时采取的唯一措施，是没有办法的办法。在三年困难时期，农村出现大量的“饿、病、逃、荒、死”，粮食出现严重饥荒，我们安徽地方志记载 1960 年安徽人口非正常死亡达 192 万。农村饿死人不仅是安徽省而是全国性的，第一个发现饿死人的是山东省，山东省饿死人据他们讲有 200 多万人，我不大相信，但比安徽重。山东省饿死人，中央当时采取措施把山东省委书记撤掉了，毛主席亲自提名叫曾希圣兼山东省委第一书记。一个人同时兼两个大省的省委第一书记，在党的历史上还没有过。当时曾希圣除担任两个省的第一书记外还是华东局的第二书记，那时毛主席对曾希圣是非常器重的。曾希圣到山东，山东省人民非常欢迎。毛主席指定他住在济南，并限定时间要改变山东的困难局面。山东情况怎么样？当时济南市边上有个章丘县，章丘县到底饿死多少人我没统计，但那时从生产队长、大队长、公社书记、县委书记等大都跑光了，没有饿死的很多人都跑了，整个县基本上是处于无政府状态。曾希圣到山东以后，从生产队长、大队长、公社书记、县委书记等一整套人马都是从安徽带去的，用了整整一列火车拉到山东省章丘县，才把全县给“武装”起来。毛主席指定曾希圣住在济南把山东的事情抓起来，他带了一帮人，我也跟着去了。曾希圣到山东，一去就砍了“三斧头”。“三斧头”即：一是解散食堂，把生产队公共食堂全部解散，各家各户自己开伙。因公共食堂老百姓实际吃不到他们的口粮，都被那些乱七八糟的人多吃多占，一锅稀饭，干部先来搂锅底一捞，干的、厚的都被捞走了，剩下的都是稀的。砍公共食堂时山东下面干部不敢干、害怕，因毛主席讲过：公共食堂是共产主义的最好形式，谁敢干，你在会上讲一讲是不行的，最后是以山东省委文件的形式一直下发到生产队，才解决了这个问题。第二是在山东搞包产到组，把生产队化小，在生产队下面增设一级，不是以生产队为核算单位，而是以生产小组为核算单位，核算单位就是搞分配，生产小组为核算单位就是把平均主义分配的范围缩小。曾希圣在山东搞包产到组也是一个大胆的措施。第三是开放自由市场，允许老百姓把家里剩余的东西拿到市场上去卖，互通有无。那时到济南自由市场上看，花生米整麻袋的抬到市场上，什么东西都出来了，都拿到市场上去卖。另外就是发动群众搞生产自救，组织专门的船队到大海里去捕捞鱼虾，凡是一切能吃的东西搞上来再说。三个月的时间，山东的局面基本上得到了控制。我们是 10 月 9 号到济南的，第二年 2 月 6 号离开山东，三个月的时间山东省极其严重困难的情况得到了缓解和扭转，所以山东的干部、群众对曾希圣非常敬重。

为什么曾希圣在山东干得那么好，群众拥护、干部欢喜，他还要回安徽来？因后来发现安徽的情况比山东还严重，曾希圣在济南坐不住了，他写信给中央要求回安徽，要求与安徽人民同甘共苦、战胜困难。中央批准，所以他回来了。如果曾希圣像一般的人一样看重个人利益，他是不会回来的，对他的举动一般人是不会太理解的。如果他不回安徽的话，他留在山东是一点事情也没有。但是他在安徽先后工作了 20 多年，与安徽人民有着深厚的感情，他还是回来了。当时我们的家全部搬去了山东，回来就回来，我们家又往回搬。曾希圣回安徽后，首先想到的是要在安徽搞包产到户。这也不是随便想的，是他深入地研究了工厂按件记工办法：工厂的任务第一个包到车间，第二个包到小组，第三个包到车床，一个车床一天要完成多少产品，一个人包车床完成产品的任务，就给你工资，超额部分有多少就按比例给你奖励多少，工厂的责任制是非常严格的。农村为什么不能跟工厂学，公社的任务分解到大队，大队的任务分解到生产队，生产队的任务（主要是粮食）分解到每块田里，每块田一年必须上缴多少粮食，这块田再由社员个人来承包，承包的社员除应上缴的粮食外剩余的留给自己。最后曾希圣得出的结论，你说包产到户是资本主义、修正主义，那工厂搞承包不叫资本主义，而农民搞承包就叫资本主义，这是不合理的。后来，曾希圣在省委书记处会议上，把他的想法和设想给大家一说，讨论会上大家一致赞成就这么搞。会议决定派四个人去搞试点，由张立治（省委常委）带队，我是四人之一，就在蜀山公社南新庄生产队搞试点。搞了十天之后，写成《包产到队、定产到田、责任到人的试行草案》。省委书记和常委带着这个方案分头下去搞试点，这一推广，老百姓没有一个不愿干的，都讲好，讲如果按这样搞法肯定能增产。

这件事好是好，但是包产到户从 1956 年就开始批判，说包产到户是企图挖社会主义墙脚，是复辟资本主义道路。大家心里都有点怕，所以曾希圣决定请示毛主席，争取毛主席的支持。1961 年的 3 月 10 日中央在广州召开工作会议。会议期间，3 月 15 日曾希圣到毛主席住地，把安徽的做法向毛主席做了汇报，毛主席听了汇报后说你们认为这个办法好，可以试验嘛，搞错了检讨就是了。后来他通过华东局第一书记柯庆施转告曾希圣可以在小范围内试验。把范围给限制了，原来的话没有范围。曾希圣听毛主席这样讲，没有反对，就打电话给家里主持工作的常务书记桂林栖说：毛主席同意在小范围内搞试验。这一下家里人就忙开了，对原来的试行草案作了修改，连同省委给各地市、县委第一书记的信连夜发到各地。仅半个月的时间，全省就有 32% 的生产队搞了包产到户，这是第一次。第二次是 1961 年 7 月，毛主席从南方视察回北京，回北京是因为朝鲜金日成来中国访问。主席乘火车路过安徽蚌埠市时打电话叫曾希圣赶到蚌埠去向他汇报。曾希圣在蚌埠火车站见到毛主席，向主席汇报到责任田的事情，毛主席的意见：你们认为责任田能增产，你们还可以多搞一点。曾希圣回来以后，又掀起第二次推广高潮，全省一下子搞责任田的生产队提高到 70% 以上，比第一次 32% 扩大一倍以上还多。第三次是 1961 年 12 月，中央在无锡太湖开会。会议期间毛主席对曾希圣说：你们责任田已搞了一年，农村生产恢复了，群众也有了饭吃，是不是把责任田再改回来。曾希圣当时如果私心重一点，回去立即改正过来，以后也没有事。但是曾希圣没有这样做，他考虑的还是农民。

责任田应该怎样评价？从中央的一些同志对责任田的态度看，有赞成的、也有反对的，反对的比较多。那时人民公社化以后，核算单位是以人民公社为单位，以后看不行，平均主义太厉害了，一个公社贫富差别大得很，所以在郑州会议上提出核算单位要下放，由公社下放到大队。但是下放到大队还不行，一个大队的贫富差别还是很大，以后在广州会议上又提出把以大队为核算单位下放到生产队。核算单位下放到生产队以后，认为核算单位下放到生产队是最后的一道防线，突破这道防线那就不是社会主义，言下之意那就是资本主义。当时对责任田积极拥护的就是中央农村工作部部长邓子恢同志，邓子恢同志对安徽的责任田讲了很多好话。1962 年中央召开扩大的工作会议，全国各省地市县委书记都参加了（会议简称七千人大会）。七千人大会快结束时有几个省（山东、福建、安徽、陕西）特别是安徽和陕西省反映强烈，说我们的意见还没有讲完，现在还有话要说。会议决定延长一个星期，让大家把话讲完、有气出气，白天出气、晚上看戏。中央领导人作了分工：周恩来到福建省、刘少奇到安徽省、朱德到山东省、陈云到陕西省。四个组中到其他三个省的周恩来、朱老总和陈云同志，他们在各省的会议上都主动为下面承担责任，帮助各省领导人过关。会上宣布中央撤销曾希圣安徽省委第一书记职务的决定，曾希圣在检查中说，至于农业“三改”、责任田，到底错在哪里，自己还要进一步检查。最后没有办法，不能回安徽，华东局还有个第二书记的头衔，只能到上海去安家。他在上海期间，实际上是在家赋闲休息。曾希圣离开安徽后，责任田也随之夭折，省委班子也改组了。桂林栖调到唐山的铁道学院担任院长，曾庆梅调到山东淄博市任副市长，宋孟邻调到西安市去任副市长，省委的几个主要领导人都调走了。省委常委调走得更多了，秘书长高鸿调到芜湖地委当副书记，副秘书长郑锐调到经委会当副主任，省委常委张世荣调到灵璧县任副县长等，都是降职使用的。

责任田对解决安徽的困难局面到底起到了多大的作用，还是用事实说话。1961 年实行责任田的前一年，有人说：粮食产量倒退到 1949 年解放初期的水平。1949 年粮食的产量是多少，是 127 亿斤粮食，那个时候安徽人口只有 2000 多万人。1960 年安徽人口已达 3000 多万人，1960 年实际上收多少粮食，据有关部门统计的数字只有 130 亿斤多一点。1961 年是实行责任田的第一年，粮食产量是多少？据各地汇报的数字为190多亿斤，下面的具体例子很多，有的地方山芋比稻草还便宜，有人把山芋藏到稻草里头当柴火卖，因稻草比山芋贵。当时河南、山东、江苏等邻省灾区农民，纷纷来安徽购买粮食。安徽不少农民也主动将余粮运到邻省邻县出售。仅河南省从1961年冬至1962年春，到淮北地区购买了大约5亿斤山芋干子。1962年2月，中共中央中南局（河南省属于中南局）第一书记陶铸、河南省委第一书记刘建勋等领导人，专程来到宿县，对安徽干部、群众的支持表示感谢。购买5亿斤山芋干子运回去解决了他们的大问题！因那时候他们那里还有饿死人的现象，而安徽的粮食都吃不完。责任田不仅使安徽人民摆脱了困境，也为邻省的部分灾区人民解决了严重缺粮的困难。1965年我们在阜阳地区搞社教，遇到这样的情况：当年江苏扬州地区的一些妇女到阜阳来要饭，当地老百姓看她们可怜，就把她们留下来帮助自己种责任田，结果时间长了就和当地的小伙子产生了感情，结了婚，并生了孩子，但她们有的在老家还有丈夫和孩子。有的来找工作队，问我们怎么办。我们说：我们不管这些事情。按理说是不合法，但这是特殊情况下出现的特殊问题。后来扬州地区生活好了，她们的丈夫又找来把她们带回去。带回去不行啊，这边有的还生了小孩子，有的每年还到这边来住个十天半个月的。从这几个例子来看，责任田的效果到底怎么样，肯定地说效果是无可非议的。1961年，安徽搞责任田当年就解决了群众的温饱问题，当年就超额完成国家粮食征购任务，还支援外省部分的困难地区度过灾荒。那时我们到安庆地区枞阳县调查，队队都有储备粮，家家户户的房子里粮食都是堆得满满的。所以后来通过了一个改正责任田的决议，搞到下面去，下面的干部思想不通改不动，还有好多干部写信给毛主席、党中央，为责任田辩护。如：太湖县委宣传部副部长钱让能、以宿县县委书记张德群为首的县区社三级干部、符离集区委全体干部先后向毛主席写了保荐责任田的万言书。在“文化大革命”中，他们因鼓吹“单干风”而遭到批判和斗争，身心饱受摧残，符离集区委书记武念慈在全区、全县、全省被批斗了280多场。改正责任田头一年，改正的只占到10%左右，其中许多地方是明改暗不改。

对改正责任田，不仅安徽许多人的情绪大，在中央也发生了分歧。

在中央，第一位有意见的就是陈云同志，他写信给毛主席：就当前如何恢复农业生产经济我有些想法，请主席接见。毛主席当晚就找陈云谈话，问他有什么意见、有什么好办法。陈云说：安徽的责任田我看可以试一试，根据我研究经济的经验，集体经济与个体经济要在相当长的时期内同时存在。第二位是李富春，当时他从上海回北京路过安徽嘉山县，他从嘉山县一个火车停靠站下来，看看当地老百姓收小麦的情况，在一个打麦场与老百姓谈话，问今年你们生产怎么样，可能吃饱肚子？老百姓讲：我们搞责任田后好多了，我们今年粮食增产吃不了。李富春听了很高兴，回到北京以后马上写了一封信给邓小平、给中央书记处，反映责任田的好处。第三位是邓子恢，他打电话给毛主席说：我有些意见要向您汇报。毛主席就定了时间听邓子恢的汇报，邓子恢向毛主席反映责任田有什么好处，并且讲责任田是一种责任制的形式，它没有改变集体所有制的性质。再一位是邓小平，在一次中央书记处会议上，听取华东局关于安徽责任田改正的情况，邓小平听了汇报以后，发表了不同的意见，说：对责任田问题应该容许人家试验，刘伯承同志经常讲的一句四川话“不管黄猫、黑猫，抓住老鼠就是好猫”，这话是有一定的道理，我看这在经济上也是适用的。另外又讲：现在所有制的形式，到底采取哪种办法比较好，我的看法应该由广大群众来解决，有些办法不合法，我们应该使它合法起来。你看这讲得多好。还有毛主席的秘书田家英，他开始时对责任田是持坚决反对的意见。当他到湖南搞调查以后，发现全国许多地方人民群众强烈要求搞包产到户，在他的思想上引起了震动，他就派人到安徽无为县去调查责任田的情况。派来的两个人在无为县跑了一圈，回去后给田家英汇报看来责任田对解决当前的困难，效果还是很好的。最后田家英对责任田的态度发生了转变，支持安徽搞的责任田。田家英写信给毛主席，他写道：我有些想法，要向主席汇报。毛主席就在中南海接见了田家英。主席问：家英同志，你有什么话要说，有什么就讲。田家英说：最近我在下面调查，包产到户确实有很多优越性，我估计在全国有 20%—30% 的生产队搞了包产到户，将来我们还是要以集体经济为主体，包产到户只是权宜之计，等生产恢复以后，再把包产到户引导到集体经济上来。华东局有个农委副主任叫董家邦，他和邓子恢是一个观点。他到滁县地区来安县半塔公社大余郢大队搞调查，他调查得很细，他问：你们搞责任田到底能不能增产。大队干部回答：搞责任田增产还有什么怀疑的，你可以到各家各户去看。他又问：为什么能增产。回答：因为大家都要吃超产粮，为了多收粮食把什么本事和浑身的劲都用上了，哪能不增产。董家邦又到各家各户问老百姓，困难户怎么办？有一位老百姓对他说：我家就是困难户，我和老婆带着四个小孩，今年就增产了，真正有困难的我们还可以帮助他。他又问改正责任田工作队的同志：省里要你们改正责任田，你们这里有几个思想通的。工作队的同志马上回答说：董主任你不要问了，真正思想通的这里是一个没有。董家邦最后的结论是对安徽的责任田一定要慎重，多搞一段时间也没有什么坏处。七千人大会通过批判安徽责任田，让全国不要再搞了，但是安徽责任田批也批了，省委第一书记也撤了，结果全国推行责任田的浪头并没有得到遏制。当时搞得比较多的是甘肃、青海、贵州、广东、浙江等地，有的县都搞到 40% 的生产队。根据中央农村工作部的统计，全国有的省是占 40%、有的是占 30%。1962 年 9 月，中共八届十中全会上批判邓子恢是资本主义的农业专家，农工部是资本主义的农工部，曾希圣是代表富裕农民利益的，提出要“以阶级斗争为纲”，把包产到户的事一下子提高到阶级斗争的高度来批判。接着省里组织万人培训班，为加速改正责任田准备力量。责任田虽然夭折了，但责任田在安徽农村老百姓当中影响很大。一问责任田怎么样，都说：责任田好，是“救命田”。还有一个突出的人物是胡耀邦，他当时对责任田也是不赞成的，他给中央还写了一个考察报告，说安徽的责任田我看危险性很大，搞不好要滑到资本主义的道路上去。1984 年，胡耀邦以总书记身份来安徽视察，他说：我这次到安徽来是还债的。1961 年到安徽我是不支持责任田的，看来如果当时全国都采取曾希圣的办法，我们的国家早就富起来了，曾希圣是“中国农村改革的先驱”。

（夏和朋整理）

安徽农村实行家庭联产承包责任制的一些情况

吴昭仁

1978年安徽省遭受了百年不遇的大旱，麦子根本种不下去。省委决定每个农民借地二分，自种自收，不计入口粮分配数额内，不交征购，抗灾保命。群众积极性大增，许多家大人小孩齐上阵，用锹挖，用榔头砸，洗脸水、涮锅水都用上了，把麦子种了下去。肥西县山南公社在这个过程中，有些生产队把大田也分到户，对外不讲，上级不知道，区委书记汤茂林默许的，人称“汤大胆”。

1978年底，十一届三中全会原则通过的农业的两个文件发了下来，省委立即传达贯彻，春节期间即派省农委副主任周曰礼带领一批干部下去宣讲，组织干群学习、讨论、贯彻。他到了山南公社，群众对两个文件非常拥护，但对“两个不许”（即不许分田单干，不许包产到户）有意见，强烈要求改为允许包产到户。周曰礼参加过1961年责任田的实际运作，深知责任田对发展生产的重要作用，更深知群众的心声，他本人一贯赞成搞包产到户，但他作不了主，于是立即回省向万里同志汇报。万里认为应当尊重群众的要求，但毕竟这是个大事，省委要讨论一次。于是1979年2月6日召开常委会。会上先由周曰礼汇报了山南情况，常委们在发言中有的说，包产到户的确是个好办法，但中央文件讲了“两个不许”，现在要搞，没向中央请示。然而大家也知道，文件明明讲了“不许”，再请示又会得到怎样的答复呢？王光宇自1957年起就担任分管农业的省委书记处书记，万里让他讲讲意见。王光宇首先回顾了1961年实行责任田的情况，说当年饿病逃荒死非常严重，如果不是实行了责任田，死的人还要多。农民对责任田一直念念不忘。他同意搞包产到户，说要有领导有步骤地搞，以便在包产内的能够统一分配；并且建议在贫困地方、偏远社队先搞。接着万里表态，他同意搞包产到户，说现在之所以有些人有顾虑，主要是被极左批怕了，谈包色变。实践是检验真理的唯一标准，十一届三中全会文件也应该接受实践的检验。他提议在山南搞包产到户试验。顾卓新、赵守一立即表态支持，其他常委也纷纷同意万里的意见。于是，省委集体决定在山南搞包产到户试验，同时规定不登报、不宣传、不推广。

周曰礼在山南传达后，干群欢呼雀跃。虽然不宣传，但邻近社队都纷纷要求搞。这下子县委难办了，捂不住了。由于不同意见争论激烈，山南的干部很害怕。王光宇几次去山南，对汤茂林说：“你们不要管，照你们的干”，对正在开会的公社党委成员说：“不要怕，万书记支持你们，我和省委各位常委支持你们”，才稳定了情绪。但后来省军区一位领导同志下去检查工作，狠狠批评了区、社干部，并打电话给县委，要他们赶快制止、纠正，说这样下去会动摇军心，“毁我长城”，因为战士不安心，要回家包田，再加上对伤残军人照顾困难，今后谁愿意参军？于是在麦收后，县委正式发文，要所有实行包产到户的队，一律收回，重归集体经营。这下子引起一片混乱，信访不断。省政协委员郭崇毅和《安徽日报》记者汪言海写了内参，引起万里高度重视。他重申不能打击群众，已经实行到户的地方不改，有问题省委负责，“我万里负责”。王光宇去肥西县委参加两次常委会，向他们作宣传解释，批评教育，传达省委决定，才平息了这场风波。秋收后万里亲到山南，与干群座谈，祝贺丰收，鼓舞很大。

就我所知，十一届三中全会后的安徽农村改革，肥西山南是最早实行包产到户的。由于万里同志和省委的坚定态度，使这项重大变革得以诞生。从此，山南之风吹遍全肥西，吹向江淮大地，最终吹向全国。

大概与此同时，凤阳的马湖公社搞了包产到组，在生产队下面划了生产组。这是公开的，因为生产组毕竟还是集体，只不过核算单位小了点，干部没什么怕的。周曰礼向省委写了“送阅材料”，我随王光宇同志去看过。原来一个队三四十户，下面分三五个小组，每组十户、八户。我们也看到有的组只有五六户。基本上是父子、兄弟、叔侄，有的还是刚刚分家的。很快传遍全凤阳，所以凤阳讲的大包干，当时是指包干到组。

1979 年 3 月 15 日《人民日报》发表了张浩来信，头版头条，加了编者按。直指安徽，批判包产到组是“三级半所有制”，违背了“三级所有，队为基础”这个社会主义农业的基本经营原则，引起很大震动。记得那天我和光宇同志在定远，我们在中央台“新闻与报纸摘要”节目中听到的广播。光宇当时和万里同志通了电话，商定省委发电报到各地市县，“不受干扰”。我们赶去凤阳，县委书记陈庭元汇报说全县掀开了包产到组，生产情况很好。光宇告诫一定不要受干扰，现在正值春耕大忙季节，各种形式责任制都要稳定，以免影响生产。县长季兆宏（当时称县革委会主任）见光宇代表省委肯定包产到组，不受中央党报批评的影响，就说：“群众更欢迎包产到户”。他的话刚落音，陈书记立即表态：“不行，谁搞包产到户开除谁的党籍”。事后我理解到，陈庭元同志长期做农村工作，情况熟悉，作风也好，他之所以要讲那样的狠话，无疑是一种政治表态，因为他 1959 年被作为“右倾”挨整过，心里害怕，其实他绝不会不赞成包产到户。至于小岗，那时我没听说搞了包产到户，可能是因为保密得好，更不知有个什么“十八颗鲜红的手印”。直到 20 世纪 80 年代中期以后，我才在某领导主编的一本关于滁县地区责任制的书上看到，其中有篇文章标题为“十八颗鲜红的手印”。我很惊奇，就去问王光宇、周曰礼、辛生三位同志，他们也都不知道。再后来，听说这“十八颗鲜红的手印”已作为农村改革的重要文献档案，被送到中国历史博物馆收藏，我就更糊涂了。有次偶然机会，散步时见到省档案局长濮德祥，谈起这件事，他说此事让他十分尴尬，这份产生于安徽的重要文档，不仅省档案馆没有，他这个局长、馆长居然不知道，岂非失职？于是他专程出差去凤阳，问县档案局长，为什么送中央而不向省局报告，连一份复印件也不留？但不管怎么问，对方就是不作声，后来还是县委领导打圆场："濮局长，我看这事你就不要为难他们了，我也讲不清楚"。

1978年大旱，1979年全年大丰收，小麦产量创历史，这确实是大奇迹。主要得益于十一届三中全会正确路线，得益于多种形式责任制。1979年底，全省多种形式责任制的面占83%，其中联系产量的占45%（这其中主要是包产到组，还有些是大宗作物包到组，小作物包到户，水田包到组，旱地包到户，动石滚作物包到组，不动石滚作物包到户，完全包产到户的占5%）。1980年1月，省委召开农业会议，会上意见分歧、争论激烈，有的地、县书记说："队为基础不如包产到组，包产到组不如包产到户"；有的说："我们那里集体经济发达，社员双手捧着老鸡汤，不能跟拿讨饭棍的比"；还有的同志在小组会上说："不能跟随毛主席几十年，一夜回到了解放前！"更有人随意点评，说某地是马列主义的，某地是修正主义的。第一书记万里和分管农业的书记王光宇在会上都讲了话，一致肯定按照十一届三中全会精神，按照群众意愿，实行各种不同形式责任制都是正确的。无论联产不联产，到组还是到户，都要稳定，并且鲜明地指出："实行联系产量责任制比不联系产量责任制的社队，增产幅度更大"。万里还点名批评了霍邱县，受张浩来信干扰，违背群众意愿，改变责任制形式，造成大减产；并不顾一些人讲情，坚持撤换了县委书记。这次会后不久，中央召开十一届五中全会，万里同志进入中央书记处，张劲夫同志接任省委第一书记后分南北两片召开了蚌埠、芜湖会议，动员各地重回"三级所有，队为基础"。有的同志感到有压力。于是各地在推行责任制上又出现了一些新的情况，直到小平5月讲话和中央75号文件（1980年9月中央召开各省市区第一书记会议讨论后发）下达后，认识才逐渐统一。我认为，劲夫同志当时的态度对安徽当时推行家庭联产承包责任制是有影响的，但主要是他的认识问题。就我所知，干群对劲夫非常尊敬，他的民主作风极好。举个小例子，无论在会场、办公室还是在路上，他见到机关干部哪怕是普通工人，都要跟你讲话、热情打招呼，护士去他家送药、打针，他都亲自倒茶、让座，临走时送到门外。即使自己休息躺在床上，也要让夫人这样做。所以，大家都很感动。1980 年 9 月，中央召开各省、市、自治区省委第一书记座谈会，会议刚结束，他就让秘书宫南杰打电话回来，念 75 号文件全文，是我记录的，嘱咐省里不要等文件发到，先传达贯彻。可见他在中央决定可以包产到户后，他的态度是坚决而积极的。后来回中央工作后，他还几次检讨自己当时认识跟不上形势。至于省内干部间的分歧、争论，那更是认识问题，多少年的极左，批、批、批，斗、斗、斗，把人们搞怕了，更不能怪他们。

1980 年 9 月以后，全省各地纷纷搞起包产到户，安庆地区稍晚，也于 1981 年上半年完成。

（牛毅整理）

来安县前郢队分田单干的经过

狄龙江

我原先一直从事工业方面的工作，对农业不熟悉。1977 年 4 月，组织上调我到乡下工作，任十二里半公社副书记。我虽然对农业不熟悉，但是我还是有一颗朴实的心，心想下去就下去吧，反正是学习，只要自己好好学习，努力工作，到哪都一样。

记得刚到十二里半公社时，那年春季大旱，清明时节都已过去，春耕生产在即，连泡稻种的水都没有，怎么办？那时区委正紧急治理王大桥水库的西干渠，负责此项工作的是区委书记曹万华同志（十二里半公社属水口区），他原是我们工办副主任，对我比较信任，要我去帮助他搞水库西干渠的建设。西干渠位于十二里半公社的新河大队，我就到新河大队蹲点，帮助他工作。1977 年约 9 月，公社书记王永明对我说："前郢队最穷，最难搞，你干脆到前郢队去吧。"就这样我又到了前郢大队蹲点。前郢队的队长叫殷道昌，会计叫殷道力，信用社主任叫聂从真。

到前郢后，我才真正了解到这个队实在是太穷了。由于我刚到那里，对情况不熟，所以聂从真基本上是陪着我在队里跑，搞调查。那时我除了去上面开会，其余时间不是跑大队就是跑生产队，基本上吃住在队里。我对生活的要求很简单，经常是谁家有床，我就在那家搭挤一下，过个夜。跑了一段时间，情况基本了解了，已值秋季了。有一次我和队里的干部在一起商议如何开展生产工作时，我说：“生产队这样，你们看看怎么才能将生产搞上去呢？”他们说：“老狄，我们数过了，你是第二十二任来我们这里的领导，第二十一任是宣传部张副部长，他什么点子都想过了，都搞不好，最后是什么点子都没有了，饿跑了。我们这里柿子多，那时他没有吃的，晚上饿得烫青柿子吃。”他们接着又说：“你还是帮我们搞点救济粮，搞点贷款。冬天快到了，我们买点稻种、化肥，明年开春再说。”我说：“像这样你们打算糊到哪一年？”他们风趣地说：“我们穿的是黄的，吃的是白的，烧的是黑的，钱都在银行。”我知道他们也是没有办法，我很无奈，但实在不忍心看着他们就这样继续糊下去。有一天，我去找会计殷道力，他正赶着牛在场上打稻子，全队里他的文化程度最高，素质也比较好，但家里也很穷。我想再同他单独聊聊，于是，我走到稻场边坐下来，他赶着牛打一圈，我们就说上几句话。我说：“老殷，你是生产队会计，你是当家理财的，你说这个队怎么搞？”他说：“没有办法唉！所有的办法我们都想过了。”我说：“难道一点办法都没有吗？”就这样他打一圈，我们说几句。后来他停下来说：“狄书记，你可敢干，你要是敢干的话，‘单干’能搞好。”以往他们也多次在我面前嘀咕过单干。他补充说：“你看看我们的田埂是越变越宽，田是越变越圆，人心都散了。”由于那时讲毛主席的革命路线，单干与毛主席的革命路线相背，所以我为难地说：“这个事情不行吧！”我们的谈话也就不了了之了。此后，我们在队长殷道昌家议事，他们又提到这个话题，我还是坚持说：“这事不行吧？我们还按老路子搞。你们看看，你们该抓什么就抓什么。”其实我很清楚只有单干才是出路，但嘴上始终不敢松口。

有一天我去公社汇报工作，路过会议室门口时，看到县委书记王业美、副书记谢志芳、民政局副局长王贵伦等人坐在里面。他们看到我就说：“唉！来了，来了。”言下之意是在等我。我进去向他们一一打了招呼后坐下，他们问：“老狄，你在干什么？”我说：“我在队里蹲点。”他们问：“你在哪里蹲点？”我说：“我们公社王书记叫我到前郢队蹲点。”他们问了我一些情况后，王业美就问：“你那里怎么样。”我说：“王书记，那里穷得糟糕，看都不能看。”随后我将情况简单作了汇报。我说：“前郢有几个最多：穷人最多，缺粮食最多，吃回销粮最多，生的小孩也最多。有一个裁缝姓祁，她生了九个小孩，肚子里又怀了一个，眼看又要生了，真是越穷越生孩子。”他们问：“你蹲点有多长时间？”我说：“半年了。”他们问：“你心里可有数，你打算怎么搞？”我心想怎么说呢，这可是一个机会，但又不敢直说，我只好说：“怎么搞呢？这不太好说，按队里的说法只有搞‘单干’。”那时还没有人用包产到户、责任制这类的词语。我又补充说：“我了解过，这个队从成立人民公社以来就很少上缴公粮，后来干脆不缴，原因是他们自己的口粮都没有着落，哪来粮食上缴。一到冬天就吃救济、吃贷款，到时候买种子、化肥的钱全是从信用社贷的。”说到这里，他们说：“我们去看看。”那时已是下午 5 点多钟，天已蒙蒙黑了，我们五人坐着旧吉普车去了。

我们走访的第一家是一位叫九妹的上海下放知青家，一进门映入我们眼帘的便是破烂不堪、脏乱无序的状况，那时天已经有点冷了，小孩躺在床上，下面垫的是破的草席，上面盖的是破得像渔网样的棉絮，穷得叫人实在不忍再看下去。王业美对民政局王局长说：“先给她们解决一床被子。”我们又到一农户家，他们家也是又破又脏，我们又给他家解决了一床被子。就这样我们一连看了几家，只有妇女队长家好一点，因为她家有孩子在外面工作，在家的人少，其他人家穷的程度都差不多。看过后，王业美对我说：“老狄，前郢的确比较特殊，二十几任都没有搞好，也没有其他好的办法，就按你说的‘单干’搞一下，对县里我们就说‘分田到户’，不要说‘单干’。”他又问谢志芳：“你看怎么样？”谢志芳说：“可以搞，我们是根据群众的要求做嘛。”王业美转过身来对我说：“就这样吧，你放心干吧！也不要宣传了。”他又对谢志芳说：“老谢，我们就在这里搞试验，其他的地方就不搞了。”王业美看我有点犹豫，对我说：“你不要怕，有什么我们负责。”我说：“我不是怕，我是没有搞农业工作的经验。”他说：“行，你大胆地干。”谢志芳说：“你怕什么，什么东西开始不都是学来的。”随后，王业美就对谢志芳说："就这么定了。"我当时想，县委书记表态了，那就干吧。

回去后，我向公社王书记作了汇报，他那时正生病（肝癌）在家。之后我想，领导已经叫你干了，具体情况就应该自己把握。于是，我把领导的意图向群众做了传达，他们一听允许分田单干了，心里多年的愿望将要实现了，心情不平静了，你一言我一语地说开了。后来大家一致表态："那我们就分。"真分时，问题出来了，田分旱田、水田，有上、有下、有肥、有瘦，好歹不同，还有种子、化肥、耕牛、犁、耙等生产资料，如何分呢？第一次我和队长、信用社主任、会计等大队干部在一起讨论办法，商议后我们决定先分田，生产资料暂时统一管理，以后是否能折价卖给群众等条件好了再说。就这样，我们带着满腔的热情，把田分了。由于我们当时没有太多的工作经验，考虑问题不够周全，分过后，群众有意见了。我们把群众的意见拿到大队革委会中进行讨论，讨论时革委会成员之间产生了分歧，这个说"这块田不好"，那个说"那块田有问题"，定夺不下来。我说："生产队不就这么大吗？我们到现场去，看了再说。"看过后，我们将好田、歹田、旱田、水田、肥田、瘦田、空白田都一一分了类，把好的、差的适当地作了搭配，按人口进行二次划分，结果还是有问题。有的人领回去后，老婆跟他吵，说："你没有用，分到这样的田，你这块田没有他分的田好，这个是上水，那个是下水。"我们认为群众的意见有一定的道理，比方说，这个人分在上水田，他种了稻子，下了化肥后，水和化肥就会自然流到下水田，上水田的人家就吃亏了。出现这样的矛盾，怎么办呢？为了尽量公平、合理地划分，我们决定征求群众意见。大多数群众建议我们采取抓阄子的办法，他们说："这样抓到什么，就是什么，凭自己的运气，谁也怨不得谁，回家也好向老婆交代。"于是我们在原有的基础上，又将上水田、下水田、不太好的田做了合理的划分、搭配，第三次划分，然后又将划分好的田标上不同的记号，让群众抓阄子进行。对于大型农具和生产资料，我们仍然采取统一管理；对于困难户、五保户，我们采取了统筹（事后了解，他们的生活比过去好了许多）。此外，我们就没有再制定具体的制度了。就这样，田基本上算是平稳地分下去了，没有产生太大的矛盾。接着我就组织人员对分出去的田进行分类、登记、造册，做善后工作。

过去十分工只有毛把钱，上工时队长喊破了喉咙也没有几个人响应。田分过后，群众的干劲完全不同了，田里早早晚晚都能看到大大小小、老老少少的劳动身影。不到两个月，整个队就出现了新的面貌，如：过去田埂越来越宽，现在又被农民修窄；原来田的几个角是越变越圆，现在又被犁方了。再如：祁裁缝家，过去几个人在生产队里混工分，现在他们一家老小都在田里忙碌，连小孩也在棉花地里劳动，真是全家上阵。也有一些较困难的农户，出现了生产资料缺乏的问题，我想完全靠生产队解决是不现实的，因为生产队里的种子、化肥是寥寥无几，杯水车薪，解决不了大家的困难。于是，我对信用社主任说，对这些农户进行深入的了解，有亲戚、朋友的，我们尽量动员他们向亲友借，对于确实没有能力的农户，我们想办法解决。在群众的配合下，我们按部就班地解决了一个又一个的问题，农业生产基本上能够有序地进行。1977 年这个队由于春旱，小麦几乎没有收成。区委及时治理了王大桥水库，贯通了西干渠，使得农民及时栽上秧，秋季收获时，总产量在六七万斤，没受多大的影响。1978 年 10 月底，我们实行分田单干，第二年收成就达十几万斤，基本上达到了翻一番，群众的生活有了明显的改善。

我们刚开始分田单干时，外界对此说什么的都有，有人说："他懂什么，他是搞工业的，对农业一窍不通。"有人说："政治上不成熟，狂热。"也有好心人劝我，比如聂丛真对我说："王书记叫你干，你就干，干这事情，犯了错误怎么办？"我说："能犯什么错误，真犯了错误，王书记他们顶着。"他说："你真天真，到时候谁来替你顶，说不定还拿你做挡箭牌。"我们真正干起来后，随着状况的不断改善，这些人渐渐地也就不说什么了。

1979 年 4 月，县委把我调到水泥厂，我调离后，就没有回过前郢。不是我对前郢没有感情，我这人一生中就干了几件事：一个油箱厂的改造，一个十二里半（前郢生产队）的改革，一个将水泥厂扭亏为盈。当时水泥厂亏损厉害，好几任都没能搞好，我的一个老领导找到我，对我说：“我认为这个厂只有你能搞好，我已经在王业美书记面前说了，只有叫你回来搞，你一定要把它搞好。”我说：“行”。去前，我向王业美书记表态：“我在那里蹲三四年，一定扭亏为盈。”他说：“那好，就叫你担任基本建设局副局长兼水泥厂厂长，你去搞吧！”我是带着这种心态去了水泥厂，而且很快把这个厂扭亏为盈。

（方晔整理）

金寨县林业改革的前前后后

郑鸿章

金寨与全国一样，农村改革工作是从农业开始，也是从《关于当前农村经济政策几个问题的规定》（简称“省委六条”）开始的。之前，全国农村搞的是人民公社化经营管理，1977 年省委下发了“省委六条”，其精髓是改变以往农村的经营管理，尊重生产队的自主权，同时规定，减轻生产队和社员的负担、分配要兑现、允许和鼓励社员经营正当的家庭副业等。目的是为了改掉人民公社体制出现的问题。“省委六条”的出台无疑是对人民公社制度的一种挑战。农村经营管理改革是从改善生产队的经营管理、评工记分、按劳分配等方面开始的。人民公社使用的评工记分办法，沿用的是从互助组开始到初级社再到高级社的做法。这种方法已经实行了多年，不仅繁琐，而且存在很多弊端，既不能调动农民的积极性，又使农民感到厌烦。在贯彻“省委六条”的过程中，从我参与搞经营管理改革的体会来看，单从经营管理的角度出发进行改革，是不能真正解决人民公社出现的问题，这样的改革不彻底，效果不理想。1978 年安徽遭遇大旱，下半年（秋季）省委决定借地度荒。肥西山南公社借着这一机会，暗地里将田分到了户，搞起了包产到户。这个消息传到金寨后，干部群众反映强烈，大家认为按照“省委六条”来搞解决不了关键问题，还是包产到户好。但是大家也知道，早在 1961 年曾希圣搞包产到户即责任田时，虽然群众的积极性提高了，生产也上去了，但后来责任田被当作“单干”、“资本主义道路”遭受了批判，所以人们对包产到户这个问题比较敏感，顾虑很多，也可以说是谈“包”色变。1978年县委召开以贯彻“省委六条”为主要内容的三级干部会议时，有代表在会上说我们听说省里在搞包产到户，按照“省委六条”搞不行，不如包产到户。与会代表反应非常强烈。会议期间，县委负责人荣成富就包产到户的问题召集了部分老公社书记进行了座谈。座谈会上，大家都说包产到户好，有人还列举了1961年曾希圣搞包产到户时，群众的积极性如何高涨、农业生产大幅度上升的例子来加以说明。县委为什么会在会议期间召开包产到户的座谈会呢？因为万里书记曾经说过在农业责任制的形式上，我不支持一派、不打击一派，什么形式都行，只要能增产增收都是好办法。到会同志就万里说的话要求县委表态，县委说“省委六条”也行、包产到户也可以，哪种形式都行，只要群众愿意干就行，但是强调统一分配。当时座谈会还出了简报，形成了文件。我们基层干部回去传达三干会议精神时，群众反映积极，老百姓说包产到户救过我们的命，是“救命田”。就在我们讨论责任制如何搞的时候，不少地方过去不敢公开包产到户的，也宣布包产到户，过去包产到组的，也包到了户。十来天时间，包产到户就搞起来了。我记得那时铁冲公社有102个生产队，没几天就有89个生产队搞了包产到户。但是好景不长，没多久，省委要求停止搞包产到户。县委根据省委的指示精神，下发了不许搞包产到户的文件，要求搞了的地方立即纠正过来，若要搞必须经过县委批准。对此，基层干部思想波动，人心不稳，群众议论纷纷，还有人说风凉话：你们是想当共产党的生产队长还是想当国民党的甲长？你们要当共产党的生产队长就不能搞包产到户，你们要是当国民党的甲长就可以搞包产到户等。那时我的压力很大。县委根据上面的文件精神，组织人员搞扭转包产到户，大家人心惶惶，遇到很大的阻力，工作很难开展。以致扭转工作只浮于表面，明改暗不改，包产到户责任制基本没有实质性的改变，但县对农业生产造成了很大的影响。到了1979年底，全县出现了形式多样的责任制，有包产到户的，也有包产到组的等，群众的思想也十分混乱。县委对此不敢表态，地委也不敢表态。1979 年 12 月 29 日，省委农村政策研究室刘家瑞、六安行署副专员胡泉陪同国家农业部副部长李友九来到金寨考察。在县委召开的座谈会上，李友九说我来了解一下农村责任制情况，县委副书记王光联让我汇报。汇报后，李友九说："我想听听包产到户搞得怎么样？"我又就农村实行包产到户后，农民的生产、生活情况详细地作了汇报。他又问："哪个地方包产到户搞得比较多？"我说："南溪汤家汇。"他说："好！我们到汤家汇去看看。"我们跟随李友九一行来到汤家汇，邀请了公社、大队负责人召开了座谈会。他说："大家就包产到户好不好，有什么毛病、问题，各述己见。"就这样我们召开了两次座谈会。第三次，我们又来到南溪区委会，仍然就包产到户的问题召开了座谈会。会上，六安副专员胡泉说："中央政策不稳定，对包产到户的问题不明确，我们底下不好办。万里书记不是说了吗，可以包产到户嘛。"刘家瑞说："这是他个人意见。"当时各级干部对包产到户的认识不一，顾虑重重。李友九最后表态："你们讲的这些意见，我是来听听的，至于怎么搞，你们听县委的，听地委的，听省委的。"从三次座谈来看，我感到中央当时对包产到户不是要否定，而是在观察，在思考。1980 年 1 月，安徽省委下发了 1 号文件，文件中说到包产到户也是一种责任制，从此包产到户正式得到省里的肯定，于是很快遍及全县。后来，中央又下发 75 号文件，主要内容是：在偏僻的山村、单庄独户，吃饭靠供应、花钱靠救济、生产靠贷款的地区，可以包产到户，也可以包干到户。在我的记忆中，中央只有这一个文件说到可以包产到户。包产到户得到中央的肯定后，很快就普及开了。1978 年至 1981 年的二三年间，我们县的包产到户责任制主要集中在农业范围内，没有动林业。1981 年 3 月 8 日，中共中央、国务院下发《关于保护森林发展林业若干问题的决定》（简称"林业二十五条"），明确四权（山权、林权、采伐权、销售权）归队，要求山区县在 1982 年春完成稳定山权、林权，落实林业生产责任制（简称林业"三定"）。山权、林权有个人的和集体的。

金寨的山权、林权为什么不稳定，会出现那么多问题呢？因为：一、每次搞社会主义教育时，首当其冲是割资本主义的尾巴，老百姓的

“尾巴”（老百姓栽的茶叶等经济林和宅前田头栽的用材林）给割掉了，个人林权没有了，群众积极性受挫。二、公社的体制不稳定，今天划成大公社，明天又划成小公社；今天是大生产队，明天又变成小生产队。划定自留山的顺序是荒山、灌丛山、半成林山。那时实行的责任制是在国有山权、集体山的山权、林权中实行，责任制主要分责、权、利。中央“林业二十五条”明确四权归队，就把老百姓手脚捆绑住了。为什么我们采取“两山合一山”，把林权给群众？我们把自留山划给群众后，老百姓积极性很高，第一年全县所造的林中有 40%—50% 是在自留山造的。这给了我们启示，只要我们将一定的权利、责任交给老百姓，给予他们一定的好处，老百姓的积极性就提高，生产就上去。

1984 年前林业责任制建立后，乱伐乱砍现象没有制止。那时我们对林业“三定”后仍存在乱砍滥伐现象进行了调查，并写出 11 条原因的调查报告。1984 年 7 月中央召开农业观察点工作会议，我们带了两份调查报告《队管变户管，荒山变林山——金寨县金桥大队包产到户二十年的调查》、《被合作化遗忘的山林》上交大会，在会上还对金桥村的调查情况作了汇报。《农民日报》总编辑张广友看了我们的调查报告后，很感兴趣，在县委书记何宗新陪同下，来到金桥村调查，座谈了近一个小时。走后约第四天，《安徽日报》报道了张广友到金寨县金桥村调查的消息，同时刊登了沈章余写的《队管变户管，荒山变林山——金寨县金桥大队包产到户二十年的调查》报告，并附了编者按。编者按说到贯彻林业“三定”后，山区农业经济形势很好，但是乱砍滥伐的问题还是没有解决，原因是林业不像农业那样，它是“半身不遂”。这引起县委的重视，在政策的大环境下，县委开始考虑改山问题，思考如何把山划给老百姓。对于划山问题，争论很大，原因之一是中央对林业方面的政策始终没有松动。那时搞社会主义教育将金桥村定为资本主义的典型，说他们山是私的，家家种桃树，户户有渔船。张广友考察金桥村的消息和沈章余调查文章发表后，《安徽日报》上连续发表了多篇“两山合一山”（将责任山、自留山划为自留山）议论文章。当时省委书记黄璜还写了赞成“两山合一山”的文章。1984 年 7 月，县委用了约一个月时间完成了“两山合一山”的工作。“两山合一山”政策出台是因为：一、农民的要求。农民强烈要求林业改革与农业配套，直来直去不拐弯。二、分配问题。林业“三定”后，责任山的收益分配出现了问题。因为林作物的生长周期长，十几年、几十年甚至几代人，不好分配。我们在搞林业“三定”时，曾组织了大批干部下去搞分配，也采取了多种分配方法，仍然不能合理解决。如用材林，当时我们采取过“二、八”(两成归个人，八成归集体)、“九、一”等多种分配方法，仍然解决不了问题。三、中央有政策。中央一再强调在经营管理的方法上不要繁琐，农民能够接受而且能自理就行。所以这样就促进了“两山合一山”，而且速度之快超过了林业“三定”。由于当时“两山合一山”搞的比较粗，时间又快，资料留下的不多，很遗憾。当年林业“三定”工作搞得比较细，资料留下不少，有2000多卷。

对于林业“三定”后仍然出现乱砍滥伐现象，我个人看法是：一、林农的思想不稳定，怕党的政策变化。因为林山不比农田，农田兴不好顶多是一季的问题，林业搞不好有可能就是一辈子的问题，所以林农的顾虑比较大。二、林业生长期长，投入大。（一）大多林农经济不宽裕，投入能力不足。（二）发展林业的方针是以林业为主，其实应该发展多种经济作物，养林业。对于“两山合一山”的改革，我认为我们是社会主义国家，我们的国民水平、人民的思想觉悟、经济条件等方面均达不到完全搞集体的程度，那时我们在全县的山区进行深入调查，发现老百姓在自留山上的造林面积占整个林区的40%—50%，这充分说明只要我们将一定的权利、责任交给老百姓，给予他们一定的实惠，就能充分调动他们的积极性，生产就会大幅度上升，因此县委大胆地提出了“两山合一山”的改革方案。这项改革对金寨的林业起到了积极的推动作用，有着很大的贡献。

（方晔整理）

肥西县山南公社实行包产到户的经过

汤茂林

我于1976年任山南区区委书记。1978年干旱特别严重，开春至秋，几乎没下什么雨。春旱、夏旱、秋旱，直到12月才下了一场小雨。老年人说，这是百年罕见的大旱，整个安徽也是少见的。万里在任安徽省委第一书记时，省委研究制定了《关于当前农村经济政策几个问题的规定（试行草案）》（简称“省委六条”），还允许借少量地种“保命麦”。1978年9月15日县委书记常振英到山南区检查工作，他派车到柿树公社黄华大队接我回区里和我谈话，他问我：“今年旱情这么严重，中、晚稻绝收，麦子种不上，明年怎么办？”并问我“省委六条”贯彻落实情况。我说：“‘省委六条’规定中有一条是借少量地给群众自己种，自己收。这个决定很好，但数量控制太严了，每人不超过三分地太少，不能调动群众的积极性。”常书记问我该怎么办。我说：“要想调动千家万户的积极性，就要按原省委书记曾希圣1961年在安徽推行的包产到户，把麦、油菜种上。”常书记说：“你在黄花大队蹲点，就在黄花大队搞包产到户试点试试看吧。”

按常书记的意见，我下午急忙赶回黄花大队。晚上召开村党支部大会，实到党员21人。我先组织大家学习“省委六条”精神，然后传达常书记的指示，并组织大家讨论。同志们一致要求按照曾希圣书记

1961年那样的方法干，抛开各种顾虑，把保命麦、油菜都种上。我根据大家的意见，结合黄花大队的实际情况，制定出“四定、一奖、一罚”三个规定。“四定”：一定任务（每人一亩地麦、五分地油菜）；二定产量（麦子200斤/亩，油菜100斤/亩）；三定工本费（油菜与麦子5元/亩）；四定上缴（麦子200斤/亩、油菜100斤/亩）。“一奖”：超产100斤，奖励60斤。“一罚”：减产100斤，罚100斤。到会党员拍手称赞一致通过。支部大会决定第二天召集村全体干部会议。1978年9月16日，全体干部会议召开，会上首先学习“省委六条”文件精神，贯彻支部大会决定，全体同志纷纷响应，热烈称赞，一致要求就这么干。看到大家这样热烈拥护，我们决定召开一次全村社员大会。第二天，9月17日，在黄花大队油厂车间召开大会，学习“省委六条”规定，贯彻支部大会精神，群众拍手叫好，纷纷说：“照这样下去我们就有饭吃了，有好日子过了！”

当天下午以生产队分组讨论包产到户有关事宜。当时黄花大队共有997人，麦地997亩、油菜地491亩，18日全部包产到户。群众的积极性真调动起来了，田野里一片繁忙景象，田如犁不动就用铁锹挖，铁镐、锤、各种农具大显身手，结果一天便种下40多亩小麦、油菜。我回到区里立即召开了区委会，把黄花大队的包产到户情况向区委作了汇报，区委的同志都一致赞成，同时研究决定在黄花大队召开一次现场会。

9月19日上午，区委在黄花大队召开了三个公社、九个大队党委书记、支部书记参加的现场会。（山南公社：虹桥大队、夏寨大队、双桥大队；防虎公社：双龙大队、中洋大队、赵祠大队；柿树公社：合龙大队、定岗大队、张岗大队）。其他公社、大队不参加。谁知道，那天一大早，金牛公社书记胡孝颜；洪桥公社书记陈修应；界河公社书记陈良长；袁店公社书记李景波和周围大队的多数干部也都去了黄花。这样一来，黄花包产到户的事轰动了全区，不让搞包产到户的社队，群众也在搞包产到户。到11月10日，全区已种小麦八万亩，大麦两万亩，油菜4.7万亩，超过正常年景两倍多。

搞包产到户，当时也有人反对。如1978年9月21日，黑龙大队杨邦生产队有人给省委、市委和县委主要领导写我的人民来信。信上说：肥西山南区委书记汤茂林领导十万人向何去，他在山南大搞曾希圣式的包产到户，是刘少奇“三自一包、四大自由”的灵魂。县委书记常振英收到这封信后，立即通知我到县里开会。那时每天都要开一次会。会后，常书记把我留下来。当时官亭区区长黄基建、高刘区区长江传包，他们好奇地想听常书记与我谈什么事。常书记说：“老汤，有人写你的人民来信，告你搞‘包产到户’，怎么回事？”我回答说：“不是你叫我搞责任制试试看吗？”接着，我向常书记具体汇报了包产到户和“四定、一奖、一罚”的一些情况。常书记听后不由“咦”了一声，笑着对我说：“不错，我赞成。不过要改一下，不能联产，联产性质就变了。只能奖励工分，不能奖励粮食。”我说：“这改一下很容易。”其实我心里却不赞成。因为奖励工分不能调动群众的积极性，只有奖励粮食的效果最好。

我回到山南立即召开区委会，传达了常书记的指示。区委同志们认真讨论后，一致意见是原方式方法不能变动，继续深入搞下去。万里书记也收到了那封人民来信，并批转给顾书记：肥西山南区人民来信请你阅。顾书记阅后又批给王光宇书记：肥西县山南区人民来信请阅后派人查处。王光宇书记又批给周曰礼主任。周主任阅后批给省委政研室沈章玉，要他到肥西去调查。这样批来批去，两个月过去了。沈章玉到肥西后与县农委主任魏忠同志一道去了山南，魏忠向我介绍了沈章玉。事后，我留他们吃饭，他们不肯，坚持回旅社吃晚饭。走后不到一小时，他俩又回来了，并向我要饭吃。我到食堂炒了几个菜，打了一斤酒，三个人在我的房间吃了起来。边吃边谈，一斤酒快喝完了，沈章玉才说：“我和魏忠是来查你的问题。”说完他从包里把那封信人民来信拿给我看。他对我说：“汤书记，你是干对了，中央十一届三中全会正在北京召开，也许今后的路子就照你这么干”。结果他们不但没有查，却要我把山南区包产到户后种麦、油菜的实际情况向他俩作了详细的汇报。

1979 年正月初六，省委派工作组十人，由周曰礼、刘家瑞带队，县里派十人配合到山南公社。明是贯彻落实十一届三中全会精神，宣传 1979 年中央 1 号文件，实质是省委万里书记搞责任制试点。这样一来，在山南区七个公社、78 个大队、1037 个生产队进行了包产到户。如：山南的周洼大队、向阳等四个生产队，馆北大队、东徐生产队的一个组不动，都没有搞包产到户，其目的是为了与已包产到户的生产队进行对比，因为这几个生产队以前是农业学大寨的点。山南包产到户不仅在肥西产生广泛的影响，还波及周围的县。正月十五，在县委召开的三干会议上，县委领导在大会上宣布只准山南公社搞包产到户，其余公社不准搞。但是对山南公社搞包产到户强调“三不准”：一不准登报；二不准宣传；三不准广播。也就是在当天，省委书记王光宇一大早来肥西要我陪他视察山南包产到户的一些情况。在路过花岗四合公社毛敦大队，我们下车看看没有搞包产到户群众的情况，我陪光宇书记走访了四户农家。当时家家正在忙着过小年，我对他们说：“省委王书记来看望大家。”这里的群众当时还不认识我，也不认识王书记，听了我介绍后就直问王书记：“山南区区委书记汤大胆领导群众搞包产到户，为什么花岗不给搞？”王书记说：“是为了进行对比嘛。”后来群众越来越多，因时间关系我对王书记说：“我们走吧。”一桥之隔，我们跨入山南区。当时田间的社员们正在浇油菜、浇麦，忙得不亦乐乎。王书记在车里高兴地说：“包产到户真正把群众的积极性调动起来啦！花岗区没有搞包产到户，群众正在忙着过节，而山南区群众却在忙浇麦、浇油菜，没有一人回家忙着过节。”就这样，王书记一路上常下车视察柿树公社的漳塘大队、馆西大队、刘老大队等。不知不觉已是下午 1 点多钟了，我们回到区里吃饭又聊上了。王书记说：“老汤，我那时在你们县七十埠蹲点，搞合作化、长年互助组、季节互助组、初级社、高级社，那时真难搞，现在搞包产到户群众一呼百应。”王书记郑重地对我说：“县委有他们的布置，你们照你们安排的干下去。”吃过饭以后，我陪王书记回到县里后就急忙赶回区里参加会议，他与县里领导谈些什么我就不知道了。

当时县里有些领导不同意搞包产到户，制定 2 号文件 40 条，规定包产到组。山南要搞包产到户，必须做到“五统一”：统一计划；统一上缴；耕牛、农具折价统一使用；水统一使用；统一分配。若做不到“五统一”则水田包到组，旱地包到户。

1979 年 4 月 2 日，省军区一位副司令员到山南公社找到党委书记王立恒，当面批评：“你可知道毛主席他老人家推翻了国民党反动派、解放全中国，打土豪、分田地，组织群众走合作化道路，才过上今天的社会主义生活。但是，你们现在搞包产到户，实际是单干，走资本主义道路。”批评之后，立即打电话给县委书记李尚德说：“包产到户不能干，要收。”李书记又打电话给我，要我按副司令员的指示办。

4月9日，我在山南区召开党委书记会议。开会前，省委王光宇书记来到山南，办公室通知我去见王书记。我向王书记汇报了省军区副司令员的指示，加之县委李书记要我按副司令员的指示办，所以我们才决定开这次会议，研究怎么办。王书记说：“不要怕，省委万里书记支持你们干，省委20个常委也同意你们这样干”。我说：“有万书记和王书记的支持，省委的支持，那我们就继续干下去。但是县委书记是我们的直接领导，现在要我们收，怎么办？”王书记听后叫我打电话给李书记，要李书记在家等他。王书记对我说：“你们会议暂停，等县委通知。”不到两小时，李书记打电话给我说：“王书记来指示，包产到户继续干下去，不必收了。”

1979年午季，我们山南区获得了大丰收，麦子总产量接近3000万斤，上缴国家1980万斤，超额完成全年定购任务。没搞包产到户前原任务为1870万斤，每年午季只上缴国家不到100万斤。山南区午季获得大丰收受到省委领导的高度赞扬。不久，新华社驻安徽分社记者张万舒到山南进行采访，并对山南包产到户的情况作了报道。《安徽日报》驻六安记者站汪言海到山南采访，积极报道、宣传安徽的农业改革事迹。1979年5月21日，省委第一书记万里亲自来到山南与我们座谈。他肯定了包产到户的成果，并鼓励我们继续干，而且一定要干好。自从万里书记从山南回去不久，全国各地到山南参观访问的人越来越多。从5月到12月底，到山南参观采访的有《农民日报》总编辑张广友、《邓小平》写作组、中国社会科学院、《农民报》等。国内北大、清华、天津大学、复旦、上海交大、南开大学、西安交大、辽宁大学、广东大学、厦门大学、中国科技大学11个名牌大学的经济专家学者，来到山南进行调研。驻中国的五个国家的记者也来到山南采访，山西省昔阳县、大寨附近两个县的公社书记也都来到山南进行参观学习。

1979 年 12 月 13 日，万里书记再次来到山南视察包产到户责任制成果。一起陪同的有省委副秘书长吴象、省委政研室刘家瑞。这次来山南，一方面兑现许愿；另一方面，带着社会上对包产到户提出的一些问题，来请教山南的干部和群众。万里书记找到我，一坐下便开门见山地对我说："老汤，我这次来山南想问几个问题，请你回答！有的同志反映，你们在山南搞包产到户，是'扰乱军心，毁我长城'，有没有这方面的情况？"我说：事实不是这样的，这种担心是不必要的。我举个例子：我们山南区的现役军人 14 名，区委给每位现役军人都去了信，介绍家乡搞包产到户后，农业生产获得大丰收的消息，同时告诉他们，家中有包产的，军属照顾得很好。另外军、烈属每年照顾现金 150—200 元。万书记说："那你们这样做就不是在'扰乱军心，毁我长城'，而是'拥军优属，巩固长城'。"我说是的，农业增产了，拥军优属更得到了保障。万书记又问："据反映，合钢有的工人不想上班了，要求回家种地，你看怎么办？"我说不是这种情况，刘老家大队有个工人家属叫熊祖华，一个人带四个小孩，没搞包产到户以前，每年收入 150 元左右，基本口粮 420 斤；包产到户后超产 1650 斤，还养了一头 200 多斤重的大肥猪和 7 只鹅。过去每年花费都超支，今年反有剩余，生活水平比去年提高了很多。万书记高兴地说："那不是工人要回乡了，而是得双工资喽！"我说：是的，在我们这里是相当于双工资了。万书记又问："那你们这里的烈军属、五保户、困难户没人管了，你是如何解决？"我说：烈军属、五保户、困难户不是没人管了，而是比过去管得更好。我们在金牛公社搞试点，五保户每年给口粮 700 斤、稻草 1000 斤、食油 5 斤，生活全包了，还发给 50 元零用钱，现已全面推广。至于烈军属，比"大呼隆"时好多了，那时工分值很低，每年不过 25 元，现在已超过那时 4—5 倍。"那你们现在承包到户后，水利设施有没有受到破坏？"我们过去在大集体时，争水的现象不突出，承包到户后，我们确实发现李桥大队有 3 户农民为了争水打架。后来大队领导把水塘划开了，也就稳定了。关键在领导，大水塘由专人统一调配、统一管理，水利设施完整，没有遭到任何破坏。"那现在耕牛、农具，怎么保管？"牛、犁、耙统一折扣落实到户保管，损坏要赔。"大呼隆"时候，说是生产队保管，实际上有的根本没人管，而现在不同了，各户使用农具的责任心大大提高，管理得更完善了。“那现在的穷队包产到户之后，能不能算取得丰硕成果？”馆东大队瓦屋生产队是个穷队，包产到户后，家家增产，例如，这个队的生产队长魏光柱家一年就增产粮食两万多斤。万里书记听了我的这些回答之后，满意地说：“很好！不虚此行，不虚此行！看来怕这怕那都是不必要的。外界传说的，有些根本不是问题，有些问题也不是不可以解决的，关键在于领导。”听了万里书记的这番话我心里也踏实了许多。

1989 年，安徽农村改革实行包产到户十周年。6 月 2 日，中央电视台、安徽省电视台到山南拍摄包产到户的经过和群众的生活产生了一系列变化的纪录片。1992 年 11 月 2 日，中央电视台、中央广电局、中央文化部、国家教委派人，由天津市文化局长叶金荣带领来到肥西山南，拍摄大型纪录片《大地之光，第二次解放》。同时来的还有扮演毛主席、周总理的演员。这次拍摄，一是向世界公布我国农村第一次改革的概况；二是国家教委为了编写教材；三是文化部为了编写剧本。1997 年 4 月，拍摄《省委书记》电视片专题组的剧组策划主任和导演等人到山南拍摄《包产到户》的一些情况。1998 年 2 月，《凤阳之行》剧组策划中心主任、总导演、记者等到山南拍摄《包产到户》纪实片。以上这些电视片，在中央电视台播放时，都事先通知我注意收看。有些电视片还多次播放。

（汪志敏整理）

凤阳县马湖公社推行包产到组、联产联质记工责任制的经过

詹绍周

马湖是个小公社，我去那里时只有四个大队，不到5000人（约4800人）。1972年春设区分大社时，由于马湖公社比较小且与楼店公社、武店公社相邻，县委就将马湖、楼店、武店合并为一个大公社——东方红公社。楼店是大村、大户、大姓，比马湖要富裕的多，他们不愿意带马湖，而马湖村子小、姓也小，怕去了以后受欺负，也不愿意去。一个不愿意要，一个不愿意去，当时的县委书记赵保先负责分社工作，非常为难。后来他说："算了吧。"就这样又恢复为原来的三个公社。那时我正在西泉采石厂任党委书记，被县委点名要去担任马湖公社书记兼革委会主任。公社正式成立，组织上调配了王永成担任革委会副主任，配备了武装部长和政工科长，后来又增加一名人保组长。我们刚去马湖公社时，连住的地方都没有，我们只好在公社合作医疗的七间用房中腾出三间，我同王永成住一间，另外两间用作会议室和接待室。开始我们只是下去跑跑，了解了解情况。当时下面状况很凄惨，群众的牢骚、怨言满天。我们转了两天，就召集了生产队干部开了头一次会议。由于我在人民公社时担任过公社组织部长，大部分队干部都认识我。会前我下去了解情况时听了很多群众的牢骚，心想，开会你们生产队干部

得听我的牢骚了。会上我责怪地说："你们怎么把群众的生活搞成这个样子？"我这一牢骚问题来了，金淮大队第二生产队队长金传云原是老大队书记，接着我的话就顶了一句："詹书记，你批评什么？谁吃饱肚子不愿意生产？"他这一顶把会场搞轰动了，当时我没有理他，继续讲我的，坐在后面离我远一点的人也说话了："哼，听你讲得容易，有本事你来干干看？"我仍装着没有听见继续讲我的。散会后，王永成说："你看，头一次会议你就搞成这个样子，他们就敢顶牛、扳场子，你也不批评，不制止，以后我们还怎么工作？"我说："他们说的都是实话，我怎么批评呢？"这事也就这样不了了之了。那时，我们公社领导的主要任务是抓春耕生产和摧耕、摧种工作。1972年我们狠抓了一年，产量有所回升，基本上没有依靠救济，算是糊了过去。1972年我刚到马湖时，这个公社当年所吃的回销粮就有32万多斤，救济款4万多元。造成吃回销粮的主要原因是，人民公社制度制约了农民的积极性，大家干好干坏一个样，所以农村普遍出现出工不出力的现象，导致生产水平低下。上面不但不去解决主要矛盾，反而不能切合实际地征定公粮，征定任务过高。下面因顶不住上面的压力，只好缴过头粮，造成农民年年吃回销。1973年春天，《人民日报》刊登了一篇号召干部下去蹲点包队，搞超纲要，抓春耕生产工作的评论员文章。那时我们马湖是带后进公社帽子，全地区53个落后公社之一，自己吃饱肚子都成问题，哪还有能力去超纲要呢？但是在那种大环境下，你就是有再大的困难，上级的指示还要不折不扣地执行。我在安排这项工作时，根据马湖公社有五个大队（后来将四个大队划成五个大队），五个干部的特点，决定都下去包点。我对四个干部说："你们各自挑一个队！"王永成说："书记，家里能不留人吗？你就看着公社边上的大队吧！带着看家。"就这样我定在路西大队蹲点。到路西大队后，我同样采取大队干部向生产队包点的方法，拟将这个大队的十个生产队，均分到五个大队干部头上。我对大队干部说："你们自己认吧！一人包两个队。"他们开始你认这个，我认那个，剩下前倪、东闫两个又穷、又难缠的队没有人愿意认，大队副书记刘海友说："你看，好的被你们捡去了，剩下难缠的交给我，我不要。"这就分不下去了，时近中午，大队革委会副主任闫如田讲话了：

“詹书记，没分好下午再开吧！”会议就暂停了。下午开会时，闫如田开场就说：“詹书记，上午也没分好，这都捡过了，我看那两个生产队刘海友去，你也去。”意思让我当海友的后盾，就这样我和刘海友俩人定在了这两个生产队。在开展工作时，我对刘怀友说：“重点抓前倪队，以前倪队带另一个队。”具体实施时，我真正感到这个队难搞，有一次开会，我在会上说：“你们看看你们把这个生产队搞成了什么样子？没吃、没穿、房子破烂不堪。”坐在我身边的妇女王炳英插话说：“詹书记，你知道吗？这个生产队11年没有锄完过头交田。我到这里11年了（她是因丈夫饿死后于1962年改嫁到这里的）。”我说：“你们要好好干哟，不好好干吃不上饭呵。你们这些小年轻的，你们以后还怎么能讨老婆呢？”话刚落，身边的年轻人插话了：“詹书记，我们已经做好了准备，我们将来当五保户的接班人。”会场活跃起来。这个队当时有28户，光棍中25岁以上有八人，其中一人已经接近40岁了，还有两个五保户。后来我给这个队作了总结：良田荒芜11年，缺吃少穿雨愁棉，吵打无止亲友联，偷窃亲友苦难言。这个队曾发生这样一件事，一个年轻人饿得受不了，晚上偷杀吃了别人家的小猪，没想到被偷的那家竟然是自己的亲戚，亲戚知道后一点办法也没有。那时这个队的老百姓对集体生产没有一点积极性，上工时，头遍哨子不卖账，二遍哨子伸头望，三遍哨子才慢慢晃，普遍是出勤不出力。针对这种现象，我首先抓评工记分，那时每次开会评分我都亲自参加，常常是一开会就是一个晚上，记得头次开会时大家都不吱声，队长倪兴邦、副队长倪从献俩挺灵巧，队长说：“今天你们都不讲话，明天不能这样了，人人都得讲，今天还按原来的方法记分。”第二天开会，又是哑巴会，一连几个晚上都是这样。我对队长说：“这样不行，你们成立一个评分小组，如果大家实在评不下去，由评分小组拿出意见。”当时评分小组起了很大的作用，如：工分怎么定法，谁定多少，谁扣多少，都由评分小组决定。但是好景不长，一段时间后，有些被扣了分的社员的老婆，在第二天的劳动中辱骂被怀疑的评分小组成员，这个成员的老婆听后回家就去责骂自己的丈夫，这样一来二去的，评分小组坚持不下去了，给骂散了。不实行分工记分，群众没有积极性，出工不出力，大家在一起混日子。实行评工记分，虽然能调动群众的积极性，但又搞不下去，如何是好呢？思来想去，只有搞包工，尽可能地包到位。1974 年一开年，我就对生产队干部说：“今年我们试着搞包工。”他们就问：“詹书记，包工怎么搞呢？”我说：“抬粪、运粪按筐数；割麦子按亩算；锄田、栽秧也按亩算，能包的包到位。”依照常规，开春农活首先是抬粪施肥，我们就按运粪的次数向社员发放牌子，发着发着，我发现一些年轻的村民将抬的粪就近倒在田埂边，我就对队长说：“队长，你到田里打眼子，谁没有倒到规定的地方，就不给他发牌子。”话音还没落，我就看到一年轻村民抬着一担粪刚走到田边就倒下了，我当即批评他，他脖子一僵狡辩道：“筐绳断了，我怎么办？”我说：“筐绳断了，怎么没有倒在路心呢？分明你是有意的，今天工分不给你。”栽山芋我们也实行了包工，要求 5—7 寸距离栽一棵。可是，一些村民栽着栽着开始耍滑了，他们将每行的两头按照要求来栽，渐渐地拉宽距离，到了中间就越栽距离越大。年纪大的村民看不下去就对我说：“詹书记，凭工效记分比过去是好了一点，但是质量跟不上，你去看看，他们是一尺挂两头，中间就不行了，这样下去还是不能增产。”根据当时出现的一些问题，我们在定额管理的同时加强了质量监督，这样一来，我们的种植数量不仅上去了，田没有荒的了，质量也得到了相应的保证，产量比上一年又有了提高。就在我为如何进行下一步的管理犯愁时，生产队长倪从献去河南徐昌参观、学习回来，我向他了解考察的情况，他在叙述中说到徐昌将烟叶的种植与烤制分开记工，效果不错。我就想到我们的烟叶生产，心想，烟叶的级差很大，二三级烟叶能卖块把钱一斤，差一点的只能卖二三毛钱一斤。那时烟叶紧张，最差的烟叶拿到黑市上也能卖到四五毛钱一斤。烟叶的烤制工艺非常讲究，烟烤了以后非常脆，一碰就碎，所以从炕房取烟得轻拿轻放。但是，我们一些年轻耍懒的村民，他们从炕房取烟腰都不弯，一托了事，这一托就把烟叶给弄碎了。每次看到这种现象，我都严厉地批评他们，我说：“你们不能把腰弯下来吗，这样把烟叶搞碎了”。他们反说：“碎烟国家不收，我们拿到黑市上还能卖不少钱”。看到他们如此不负责任的态度，我想怎样才能调动他们的积极性，提高产量和质量呢？我想如果把烟叶的种植、烤制一直到销售都给他们包到组，按产按质记工，以此调动群众的积极性，产量才能得到提高，质量才能得到保证。1975年，我们对烟叶的种植、烤制、销售实行了“包产到组、联产联质记工”。自从我们实行了“包产到组，联产联质记工”责任制后，上述的一些不良现象彻底得到遏制，烟叶的产量、质量得到大幅度的提高。我们搞“包产到组，联产联质记工”的消息不胫传了出去，楼店公社楞庄生产队社员听说马湖搞了分组，也开始拉牛闹分队。地委得知后，派人下来检查、处理，村民说：“我们是跟马湖学的”。检查人员只好回去向地委汇报。1976年春，地区派政策研究室张其可、县委农办芮宽明到马湖公社检查。芮宽明对我说：“詹书记，你比较忙，你就不要陪同了。”我心里很明白，什么我忙，不就是叫我回避嘛。他们在那里搞了一天，晚上芮宽明对我说：“詹书记，我们明天回去，要向你汇报汇报。”接着又暗示了一句：“到时候该说的你还要说哟。”检查组的同志把在前倪队的调查情况向我说了后就说：“这个是个方向、路线问题，是错误的。”听他们这么一说，我想到老芮对我的暗示，立即说：“‘人民公社60条’(农村工作的法规）中第三十二条允许作业到组，31条允许评工记分，按数量和质量付给合理的报酬。我这个是按产按质记分，符合‘人民公社60条’。”他说：“‘人民公社60条’现在不提倡了，现在提倡大寨式的政治工分。”我说：“不提倡，中央也没有说‘人民公社60条’作废。按照全党服从中央，我有什么路线问题呢？”他就顶我一句说：“那你按产按质记工，遇上天灾，没有产量他不就没有工分了？”我说：“如果是遇上天灾，没有产量，我给他一万分都没有用。”原先他们准备将我定为方向、路线问题并让我签字后向上级交代、报功，打我棍子的。可是他们没有找到定我罪名的依据，只是与我打了个平手。我们的“包产到组，联产联质记工”管理模式就这样被保留下来了。其实老芮知道群众对“包产到组，联产联质记工”非常拥护，也看到我们实行责任制后，产量提高了，他从内心对这种做法是认可的，也想给予我们支持，处于当时的情形，他只能暗示我。1976年我们公社路西大队的十个生产队中八个生产队采取了“包产到组、联产联质记工”的办法，但是地区来人检查后，八个生产队被冲掉六个。那时政治运动多，人们是谈“包”变色，在这样的情况下，我顶着上面的压力，偷偷搞“包产到组，联产联质记工”责任制，心里的压力很大，也很矛盾。一段时间，我想搞不好就是路线问题，就有可能坐牢，我何必惹这个臊呢？干脆不干了。但是看到搞“包产到组、联产联质记工”责任制后，群众的生活一天比一天的好起来，我又哪里舍得取消呢？加上村民也不愿意，他们说：“詹书记，你看看今年干得可以，你不要管上面怎么说，你装作不知道，我们干我们的。”我说：“我在这个队蹲点，我说不知道别人会信吗？”他们说：“没事，有事我们顶着。”群众的坚定态度给了我坚持下去的勇气和信心。1975 年至 1977 年的三年间，我蹲点的生产队和东闫生产队一直坚持采用“包产到组、联产联质记工”的方法，生产一年比一年好，产量一年比一年高，我们还盖了四间大炕房。1985 年，解放军《昆仑》杂志上刊登了一篇题为《毛泽东以后的岁月》的报告文学，主要报道几个农村改革的典范，我们马湖在其中之一。文章中以“征服饥饿的人们”为标题，介绍了我们马湖公社。当年我还被邀参加了该杂志的发行会。

1978 年，根据县委的工作要求，我们在抓“一年早知道”工作时，提前于正月十六就组织生产队召开会议，安排全年工作。我给他们定的任务是：午季小麦完成征购任务，达到 2.2 万斤，秋天再翻一番，达到 4.4 万斤。有一个外号叫抠子的说话了：“詹书记，如果你把粮食生产也像烟叶生产一样搞，不要说两万斤，再加两万斤我们都有能力完成。”那时我们这些公社干部只要听说谁能为国家作贡献，心里也不知道有多痒。我说：“真的？”他说：“真的。”我说：“真的，搞吧！”话一出口，我的心里就犯起了嘀咕，心想要是真的搞了，对上我怎么交代呢？思来想去，我作出补充决定：不动磙子的作物都包到组，按产按质记工。我们马湖公社的农作物中，不动磙子（除小麦、水稻）的占 80% 以上，整个前倪队近 500 亩的土地中，只有 20 亩种水稻，其余都是不动磙子的作物。分组原则上按照一个大家庭、亲戚来划分的，比如：在弟兄、父子近房之间划分成组，遇到哪个家庭不和时，我们就把他们划到别的组里，如果别的组不要，划不下去，我们就把他们的户头留在组里，将田分给他们单干。这个决定一执行，群众的积极性猛增，我们这个大队的十个生产队中一下子就有八个生产队实行了“包产到组，联产联质记工”责任制。约4月，陈庭元来我们这里检查工作，之前，省委书记王光宇到我蹲点的大队视察，看到我们油菜长得好，非常高兴，我就对他说：“我这是到组管理的”。当时不知他是否理解到组管理的含义，没有吱声，但从他脸上的表情来看好像有所知道。在陪陈庭元下队检查回来的路上，我冒了一句话，说：“陈书记，这个队我给他们分组了，生产一年比一年好。”他听了我的话后眉头一皱，停顿了一会说：“这样搞生产搞不坏。”原先我们只是在一个大队的一二个生产队里搞“包产到组，联产联质记工”试点，对外的影响不是很大，后来试点范围扩大了，整个大队都搞了，对周边公社的影响就大了。那时武店东方红公社的群众也闹起了分社，公社干部制止不住，就在公社的广播里喊：“马湖公社搞复辟倒退，我们不能倒退。”武店公社陈学孟是合作化的带头人，毛主席表扬过，人称老英雄。武店的群众说了句顺口溜：武店出了个老英雄，马湖出了个小英雄。这样各界舆论都来了，有人说我一定是有来头，也有人说我有后台，不然怎么敢这样干呢？那时，每当县、区召开公社书记会议，我都成了几个公社书记指责的对象，有的人语气很重，我被他们搞急了，也跟他们抬几句，抬着抬着就顶起来了，区委书记郭金山就说：“哎哟，绍周，你看农业上哪有像你这样干的？”我说：“我干的怎么样，我干的又不错喽。”那时我怕倒霉也到处寻找依据，当时《光明日报》上刊登了一篇标题为《淮南煤矿以煤记资》的文章，我想我们是以产记工，人家煤矿是以煤记资，不是一样吗？1978年5月30日，《人民日报》又刊登一篇《一份深受群众拥护的好文件》，主要反映青海省刚察县畜牧业联产分组、按产记工的事情。我将这些资料一一收集起来，以备同他们理论。郭金山说了一句：“人家那是工业和畜牧业，你是农业，哪有像你这样搞的。”我也不让步说：“妖气，在人家那是马列主义，在我这就成了修正主义。”郭金山又说：“咦，绍周讲出理了！”就这样我常常在会上与他们针锋相对。说实话马湖公社开始也是试探性的在某几个生产队搞“包产到组、联产联质记工”试验，但是在接待上级的几次检查过程中，我们根据情况瞒上不瞒下，或者略透露一点，有些领导表面不挑明，其实都心知肚明，甚至还在暗中给予一定的支持，渐渐地我们的胆子大了，信心也增加了。特别是1978年春天，陈庭元到我们这里视察时，我们已有八个生产队在搞了，但是我只跟他汇报说有一个生产队在搞，他走后，我看陈庭元不仅没有反对，还说“这样干生产搞不坏”，就冒着风险在全社范围搞“包产到组、联产联质记工”责任制。就这样，1978年的春天，“包产到组，联产联质记工”责任制一下子全面铺开了，整个公社48个生产队呼啦一下就分掉32个生产队，看到这样的势头，我既高兴又担心，担心搞大了不好交代。一次，我连饭都没有来得及吃就赶到陈庭元书记家向他汇报，陈庭元爱人给我下了一碗面条，打了两个鸡蛋，我就一边吃一边汇报。我说：“陈书记，我就是来向你汇报我们上次说的那个事情，我们公社现在搞开了。”陈庭元听我说搞开了，眉头皱起来，一支烟接着一支烟地抽起来，几次是一支烟没抽几口就把它掐灭后又点一支。我看他紧张，怕他说出对我们不利的话，就用他的话封他：“陈书记，就像你说的，这样搞生产搞不坏。”这一说他开口了：“你早也没说，你现在叫我怎么弄呢？搞了搞了，过去全省责任田都能纠正过来，你一个公社还怕纠正不了吗？到时候再讲就是喽。”听了他的话后，我的心落下来了，干劲更大了。一时间，我们公社48个生产队中搞“包产到组，联产联质记工”责任制达到42个生产队，其中四个生产队由于搞得比较迟，被地区广播会议给冲掉了，最后剩下38个生产队。约6月20日，王郁昭召开广播工作会议，讲到田间管理时，强调抓评工记分和定额包工管理的做法，明确不能分组，不能联产记工，说这是个方向、路线问题，不能搞，只是没有具体点名。武店地区的人听后比较敏感，他们想马湖你们搞啊，出现方向、路线问题了吧！那时，我出差到淮南去买化肥、氨水，地区召开广播会议，强调不许搞联产记工，包产到组责任制，明确这是方向、路线问题，虽然也没有点名，但是大家都心照不宣，知道这是在批评我们马湖。我回来看到群众都停工不生产了，一问才知道，群众听了广播后不知道该怎么办，所以就停了工，等我回来决定。我头天到家，第二天生产队副队长倪树田来找我说：“现在群众都在地里不干活了。”我说：“为什么？”他说：“都在等你，是拢还是分大家等你拿主意。”我看已近中午，就说：“先吃饭，吃了饭再说。”吃过饭后，我对他说：“你先回去，我马上去。”因为他是步行，我有脚踏车。他临走时补一句："詹书记，我们这几年搞得不错，刚吃上饭，不能动呵。"我说："不能动？你们不生产找我干什么？我也没叫你们拢。"他说："他们说如果出了政治问题，我们怕害了你大老詹。你倒霉了怎么办，要不就拢上吧！我们不能叫你大老詹吃亏。"还有的社员说："拢上了怎么搞，拢上了我们又没有饭吃了。"我回他一句："你回去吧，我又没叫你动。"他听我这样说就补了一句："詹书记，如果真的倒霉了，你把家搬到我们那里去，我们怎么也不会亏待你。"听了他这么样一说，我的眼泪都下来了。他走后，我爱人"开锅"了，她说："人家都不敢搞，你逞什么能，出了问题、倒了霉，你坐牢我都不送饭给你吃！"我的大儿子那年上中学，在一边对小儿子说："小九，我妈不送，我两个送好吗？"我爱人这么敏感的原因是，一次，沙涧大队书记谢立玉的哥哥谢立志在淮南物质局工作，武店公社的王吉明去找他买钢材，谢立志叫王吉明带信给我，他说："你回去跟绍周讲一下，这是方向、路线问题，真要倒霉的。倒霉了还有老婆、孩子呢？跟他讲不能干。"王吉明来到我家，不分场合，当着我老婆、孩子的面把谢立志的话给说了。他走后，老婆就跟我闹，当时我压抑得在笔记本上写了"逼上梁山，破罐子破摔"几个字。自那以后我爱人就比较敏感、害怕。老倪走后，我在3点多钟赶到公社，全公社38个生产队已停止生产三天了，都等我拿意见呢？我听了他们的汇报后心都炸了，立即跟广播员小徐说："你把广播打开，通知他们今晚早收工，都到喇叭下面开广播会议。"约6点，太阳还没有下山，全公社男男女女、老老少少黑压压地都到大喇叭下面等我开会。我开场就说："我听说你们已经二三天没有生产了，这样下去你们秋天吃什么？我们联产记工没有错。"接着我就把"人民公社60条"及《淮南煤矿以煤计酬》的文章做法在广播向大家作了介绍，我又说："现在大忙了，已经分开的一律坚持不动，没有分开的就不要分了。"开过广播会后，被地区广播会议冲掉的那四个队又分开了。我们就这样又干了一年。

1978年是大旱年，田干得不像样子，全县几乎没有不减产的公社，但是我们马湖没有减产。没有减产的原因是：一、我们公社在武店区官塘电灌站区域内。二、我们搞"包产到组、联产联质记工"责任制后，群众的积极性高涨，遇到自然灾害时，即便生产队拿不出钱来抗旱，群众也能自己想办法积极凑钱抗旱。例如：某生产队一名叫倪从英的妇女，离婚时丈夫给了她 700 元钱，抗旱时她就拿出 300 元钱交到他们组作为抗旱经费和买化肥用。

自从我召开广播大会后，群众的心是稳定了，积极性也恢复了，但是我的压力加大了，思前想后，觉得我应该将为何搞“包产到组、联产联质记工”责任制，以及搞责任制后农村的变化情况整理出书面的东西。于是我给地委常委写了封信，信中详细地反映了我搞“包产到组、联产联质记工”的六条理由以及实行责任制后的实际效果和群众的意见，同时附上我收集的《淮南煤矿以煤记资》和《人民日报》特约评论员写的《坚决贯彻按劳分配》等文章作为依据。那时马湖没有邮局，我准备到武店参加抗旱时顺便寄出去。结果在武店抗旱中途休息时，我把信拿给区委副书记何德（现为县委党校副校长）看，我说：“何书记，我闷得谎，我写了一封信你看看。”他看后说：“绍周唉，他既批评你，你写信给他能管什么用？他还能赞成你吗？有种你把这信寄给邓小平，倒霉我给你顶一半。”我想我已经娄子捅大了，你还叫我寄给邓小平，你叫我坐牢就是喽，这封信至今没有发出。年底县委召开四级干部（县委、公社、大队、生产队长）会议，县委叫我介绍马湖公社大旱之年不减产的经验，我就以六七月我们召开公社社员代表大会上形成的文字材料进行介绍，我说：“我也没有什么经验，我是 1972 年到马湖的，至 1978 年已经六年了，这六年来公社只定过《马湖公社生产责任制管理十条草案》，这也是我们马湖公社的一号文件，我们就是按照这个一号文件具体办事的。”我一说到一号文件，会场哄堂大笑。过去我们只听说过中央一号文件，从没听说过有什么公社一号文件。经验介绍后，县委强调三点：不宣传、不推广、不制止。我的介绍在全县造成很大的“负面”影响，一些公社开始比学我们，他们说：“你不给我们干，人家马湖不就干了吗？他们能搞我们就能搞。”当时小岗村就是在这个影响之下干起来的，他们开始划两个组，由两个组划到四个组，后来又划到八个组，再后来干不下去了就干脆划到了户。

万里 1978 年 8 月来凤阳时，陈庭元将马湖公社的情况向他作了汇报，万里说："马湖的经验你们抓紧派人总结。好，我 11 月到中央开农村工作会议时，我给你们推广。"这句话给马湖起了很大的作用，万里走后约二三天，省农委主任周曰礼来马湖考察约一周时间，走时把我们公社的一号文件带走了，他在苏州人民公社经验管理座谈会议上，将我们马湖的有关情况告诉了中央政策研究室张副主任。会后，张副主任来到安徽，县委通知我去省里汇报情况。

1980 年 4 月 8 日我调到梅市公社任第一书记，梅市公社属县委不许搞包产到户责任制的十个公社之一，公社蒋庄大队还是农业学大寨的点。那时该公社群众要求搞包产到户责任制的呼声强烈，县委始终态度很坚决。我去时群众说："这下好了，单干绍周书记来了，我们可以搞（分组）了。"他们以为我去是给他们分开的，怀有极大的希望。其实在我去之前，陈庭元就向我交代："现在大忙，不能动，你着重把生产抓好。"我第一次召开生产队长会议时，我第一句话就说："我不是单干书记，我们马湖也只分到组，你们不要以为我来了要给你们分开，现在是春耕生产大忙时节，你们不要动，好好生产。"会后，我下去转了一圈，发现他们与我们马湖分组前一样，群众对生产没有积极性，也是出工不出力。有个生产队的地是雪白的，我就问生产队长，他说那是毛草茵，我说："那不是地都荒掉了吗？"他说："哎哟，地荒了多年喽。"我来到泡稻芽作坊，把手伸到泡稻芽的缸里，稻芽滚烫，根也很长。我找到管泡稻的人，我说："你怎么搞的，稻芽根都长这么长了？"他说："我一夜都搂多遍。"我知道他在蒙我。当时的景象是大片土地荒置，田里很少看到干活的社员，即使社员每天上工，也都出工不出力，混混就早早收工回家。我看到这样的情况，心想"路烂不如早脱鞋"。于是 5 月 2 日我召开官塘、候王、李武三个大队的生产队和社员代表会议，会上同意让他们分开单干。一时间，全梅市公社的六个大队全部分开了。这下好了，县里保留的十个公社的其余九个公社群众也强烈要求分开，县委又不允许，公社干部很难工作。据我社副书记张洪俊同志说，一次，在县委召开的公社干部会议上，这些公社的干部给县委陈书记提意见，要求与我们梅市待遇相同。陈书记回答他们说："绍周说'路烂不如早脱鞋'，那你坚守不住也脱是了"。

马湖公社搞“包产到组、联产联质记工”责任制的起因：一、农民生活实在太穷。当时政治运动太多，社队分、并反反复复，人们受“左”倾思想泛滥的影响，受人民公社化管理制度的制约，社员的劳动与分配关系不相适应，群众的积极性受挫，造成你绑着我，我绑着你，在一起混日子。二、逼上去的。我刚下去蹲点时，生产队长就将我的军说：“我们搞不好，你来搞吗？”加上1970年北方农业工作会议时提出农业超纲要：一年不行，一年不行，三年、四年总可以了吧！我是1972年去马湖公社的，离超纲要的底限时间只有两年，那时马湖公社已经属落后公社，如果我再搞不好，这个落后公社的帽子就摘不掉了，我也就成了落后的公社书记了，我的压力很大。从某种程度上说，我也是豁出去了。我们搞了“包产到组、联产联质记工”责任制后，1975年落后公社的帽子就被摘了。

通过马湖公社，我有一些感想：一、机制的问题。那时是三级所有，队为基础。二、分配关系的问题。至今我仍认为我们国家的分配关系还没有解决好。三、合作化以来基本上没有给人民带来好处，特别人民公社给人民带来很大的痛苦。人们捆在一块受够了，所以分开干是大势所趋，人心所向。大概在1981年国家农业部领导来我们这里考察时，在座谈会上要我发言，我说就合作化以来的历史教训，说明凤阳经常人员外流，逃荒要饭，吃了很多回销粮和救济款，社员还埋怨骂娘，其实是“花钱买来千家怨”，现在分开单干，生产、生活提高了，人心舒畅，这是“政策温暖万民心”。我认为单干不是倒退，而是前进。从历史讲，原始社会和奴隶社会都是在一块“大呼隆”生产，封建社会生产力发展，出现单干，你能说是倒退吗？我的这个观点、看法还受到了中央农业部林乎加部长的赞扬。

（方晔整理）

肥西县山南公社推行包产到户责任制的前前后后

王立恒

1978年安徽出现了百年不遇的大旱，我们地区从春天至秋天几乎没有下过一场透雨，整个山南公社只有少数水源较好的地方早稻有些收成，中、晚、秋农作物几乎绝收。这样，农民的口粮就成了问题。时值秋种季节，旱情仍然没有缓解。为了解决来年农民的吃饭问题，以万里为首的安徽省委向全省人民发出“抗旱种麦，打井引水种麦，种保命麦”的号召。由于土地干旱时间长，翻耕困难，加上当时大伙在一起“大呼隆”干活，多劳不能多得，分配不能兑现，挫伤了农民的积极性，一些社员消极怠工，出工不出力，所以要想组织农民开展抗旱种麦困难重重。9月下旬我们开始抗旱种麦，到11月下旬，两个月时间仅完成计划的50%。为了加快秋种速度，汤茂林同志带队到黄花公社蹲点、调研，寻求解决方法。通过在群众中调访、讨论，大家一致认为只有借些地给老百姓种，谁种谁收，这样才能调动群众的积极性，才能渡过难关。我们当时想，省委发出种“保命麦”号召的目的是为了缓解农民在灾害之年饿肚子的矛盾。我们为了充分调动老百姓的生产积极性，借一部分地给他们种，他们种多少收多少都归自己。老百姓的积极性高了，粮食收成好了，难关也就渡过了，这与省委提出的种“保命麦”精神不相违背，因此我们决定在黄花大队搞“借地”试点。“借地”办法试行后，社员们的积极性提高了，干劲很大，男女老少齐上阵，白天、晚上田里都能看到劳动的身影，这是“大呼隆”时见不到的，秋种速度加快了很多倍。为此，汤茂林同志又主持召开了区委会议（我当时任区委副书记兼任山南公社党委书记），分析黄花大队试行“借地”办法后的利弊，讨论是否可以将这个办法在整个公社进行推广。会上大家一致赞同推广黄花大队的“借地”办法。为此，山南公社党委作出决定：借地给群众种保命麦，每人借给 3 分，谁种谁收。就这样山南公社“借地”给群众种“保命麦”的工作全面开展起来了，全公社共“借”给群众田地 6853.5 亩，加上原来社员的自留地 2441 亩、集体种的麦子 10000 亩，山南公社集体和私人共种麦子 19000 多亩。

1979 年 2 月 1 日下午，县委政策研究室通知我们：明天省委主要领导人要来山南公社视察，要求公社以上干部第二天不要外出，认真接待。放下电话，我非常紧张，怕万里书记来，不知如何向他汇报。怕万一万里书记发现了，要受批评，会上纲上线，不敢想后果。从下午 5 点开始，我就认真地准备材料，深夜 12 点，材料才准备好。第二天，省农委主任周曰礼、省农委副主任刘家瑞、县委领导一行 14 人来到山南公社，我们区委、公社以上干部 40 多人在公社会议室接待了他们。周曰礼一进门就说：“今天万里书记有事不能来，我同刘主任找你谈谈。”坐下后，他说：“我们今天主要是提前给你们宣讲两个中央有关农业的文件。”文件传达后，他说：“对于山南公社搞的试点，万里书记是同意的。你们围绕刚才传达的两个文件精神，就如何解放思想，怎样把农业生产搞上去讨论一下。”还说：“你们大胆讲，不要怕。”并宣布：一、不打棍子，不抓辫子，不搞秋后算账；二、解放思想，农业生产形式可以百花齐放，多种多样，你们怎么想就怎么讲等。做了一番动员。由于反“左”倾、“反右倾”运动时，上面也是动员大家放下思想包袱，有什么讲什么，结果一些说了真话的人吃了亏、倒了霉，所以大家顾虑很多，没有人敢切入正题说真话，只是少数人说些官话、套话。午饭后，由省、县、区、社四级干部组织的 18 个小组（每小组 2—3 人）分别赴 18 个村传达中央文件。我们从 2 月 2 日开始向群众宣传、传达中央文件，并就如何将农业生产的形式搞多种多样，怎样将生产搞上去进行了讨论。当时群众的顾虑很多，大家也不敢讲真话，几天过去了，没有讨论出什么结果。2月6日晚，我从下面回来，心想春耕大生产的准备工作在即，下一步怎么办？继续组织群众这么讨论下去，势必会耽误生产。晚饭后，我就来到刘家瑞下榻的旅馆，我说："刘主任，你们来传达中央文件已有个把星期了，你们说农业生产可以多种多样，百花齐放，究竟怎么放？我想听听你们真正的想法。"刘主任说："我今天就想听你来说。"我说："我怎么说呢？"他说："怎么想就怎么说。"我说："叫我说，我就说真话了。一个字：'包'，即包田地、包产量、包费用，一包到底。这样农民的积极性才能调动起来，农业生产才能搞上去。"他说："就按你说的办。"我说："按我说的办？那9号我们召开党委扩大会议，请你参加。"他说："行。"

2月9日，公社党委召开了公社党委委员和社直支部书记参加的扩大会议。会上我向大家传达了省委对我们的关心和重视，希望我们想尽办法把农业生产搞上去，同意在山南公社试行包产到户。说到包产到户，大家立刻兴奋起来，一致拥护省委在山南公社试行包产到户的决定。会后三天，六个大队的所有生产队名正言顺地实行了包产到户。半个月时间，全社206个生产队就有200.5个生产队实行了包产到户。不久，剩下的5.5个生产队也将田地包到了户。就这样，山南公社成了全县、全省乃至全国第一个推行包产到户的地方。

田包到户后，农民的生产积极性高涨，他们起早贪晚忙碌在农田里。到农作物逐渐收获时，包产到户的优越性充分地显现出来了。这样山南公社包产到户的消息也不胫传开，社会对此议论纷纷，有人说："他们分田到户，就是搞单干，是走资本主义。他们是快活一时，兔子尾巴长不了，以后肯定没有好果子吃。"与山南公社相邻的一社队，贴出大字报、标语，攻击、诋毁包产到户。曾与我共过事的一些朋友也替我担心，他们对我说："你要注意啊！这可不是小事，包产到户是走资本主义，搞不好是要犯错误的。单凭省里来人说说，又没有见到中央的红头文件，出了问题，谁来替你扛？"听了他们一说，我也感到害怕，怕上纲为"复辟资本主义"。心想搞不好党籍、公职都可能被开除，说不定还会被批斗，背上了思想包袱，其他的党员干部也有很多想法。大家正处在是与非、进与退的两难之中时，农民间又出现了争耕牛、争水现象。当时肥西县委下达了46号文件，精神是：过去搞的责任制以及去年种的麦子，都应该及时重搞。分田到户应立即收回。4月18日，新上任的县委书记李尚德同志到我们这里检查工作。我在汇报工作时说："李书记，县委下的46号文件说到责任制及过去种的麦子都要收回，我们公社怎么办？"他说："文件是这么定的，但你们山南公社除外。"我又说："现在我们这里有点乱，出现了争水、争耕牛的现象。我们全社有1090头牛，14头累出了病，3头已经累死。"李书记思想比较解放，他说："已经这么干了，就接着干吧，秋天再说。"当天下午，李书记刚离开山南，省委书记王光宇就来了。他问我："你们干得怎么样，有没有什么问题？"我如实汇报了我们实行包产到户后一些情况。他问："有问题吗？"我说："出现了争水、争耕牛、累死耕牛、分仓库、分牛房等问题。有些干部、群众怕省里收回责任制，在观望上面的态度。"他说："你们不要怕，已经搞了，出现问题了，加强管理，到秋天总结后再说。现在就暂时这么干下去吧！这事省委知道，万里书记也知道。"在此期间省政协常委郭崇毅也来过山南，他对包产到户也非常关心、重视。一来就找我谈话，他说："这个办法（包产到户）好啊！社会上对此风言风语，你的压力很大，我是知道的。你想想，1958年的瞎指挥、浮夸风给农村带来那么严重的损失，是我们的教训啊！现在十一届三中全会的路线是实事求是，只要能把农业生产搞上去了，你怕什么？你大胆干下去！"省委领导欧远方同志来山南检查推行责任制、实行包产到户后的发展形势时说："这个办法好。"并鼓励我们继续干下去。看到省委各级领导对我们山南公社的关心和支持，特别是听了王光宇书记的一番话后，我像是吃了定心丸，心里踏实了，胆子又大起来了。第二天，我们立即召开党委扩大会议，传达王光宇书记的指示和县委书记李尚德的讲话。党委成员个个精神又振奋起来，并定于4月20日召开全社干部、群众大会。

这天，会场上架设了两个高音喇叭，7000多人参加了大会，连相邻区、公社甚至赶集路过的人也纷纷来参加会议。会上我强调"稳"、

“妥”两字，即稳定包产到户的办法不变，妥善处理好责任制后出现的问题。我们还制定了“合理用水”、“管理使用好耕牛”、“七个不准”等规定，以此制约一度出现的紧张、混乱局面。会后，群众的顾虑没有了，积极性更高了。特别是在有关规章制度的约束下，全社出现了有序的、稳定的、前所未有的局面，掀起了一场轰轰烈烈的生产新高潮。

5月21日上午9点左右，省委第一书记万里来到山南公社。万书记看到我就问：“你是不是公社书记？”我说：“是。”万书记说：“我今天来是看看你们分田到户干得怎么样。”我说：“我们已经全部把田分到户里了。”万书记点头“哦”了一声。原先我是准备先向他汇报，再听他作指示。可是他不等我汇报就不停地提问题。万书记问：“你们这样搞怕不怕？”我说：“不怕。”万书记问：“到底怕不怕？”我说：“有点怕。”万书记问：“怕什么？”我说：“怕三级所有，队为基础。”万书记问：“还怕什么？”我说：“还怕统一核算、统一分配搞不起来。”万书记说：“你不要怕，你们这里搞责任制，省委是知道的，我表了态，点了头的，我不是也来了吗？就这样干下去，秋后总结再说。”就这样，我们就生产力、生产资料、农具、运输工具、收成、管理等问题谈了约三个小时。午饭后，万书记说：“你带我下去看看。”我带他来馆西大队小井村生产队。老百姓听说万里来了，男女老少上百人来观看。万里书记就问在场的群众：“你们这样干怎么样？你们怎么想就怎么说。”群众你一言、我一句热闹开了，有人说：“分田到户后，我们不会饿肚子了。”有人说：“现在老天再为难我们，我们也不怕了。”还有人说：“万书记，你准备一个粮房，就等着我们往里面装粮食吧！”

我又向万书记汇报了我们分田到户后，出现的一些问题，比如耕作时农户之间争耕牛、争水，甚至出现了累死耕牛的现象。万里书记问：“牛搞死了，赔不赔？”我说：“已经处理好了，按价赔偿。”万书记说：“牛搞死了要赔，不赔不行，要加强管理啊！你们今年麦子长势怎么样？”我说：“今年麦子长势很好，全社包括借给社员种的和自留地，还有去年秋集体种的麦子现已分到户，共可收获面积19000亩，我们预计能收获500万斤。”万书记问：“以往能收多少？”我说：“以往我们公社种植大，小麦面积在10000亩左右，产量在170万至180万斤之间，今年估计增产 300 万斤左右。”万书记问：“完成任务后，群众还能吃多少？”我说：“完成任务后，群众能吃 100 多斤，但不平均，有的还不止。”万书记说：“这样不多。”我说：“我们这里口粮以水稻为主。往年年前有的队只吃 20 来斤，甚至几斤，今年吃 100 多斤是多年没有的。”接着我举了两个例子：一户叫夏明珍（干部家属）是缺劳力户，她六口之家只有一个妇女劳力，今年责任管理 4 亩麦子，估产能收 1800 斤，交队参加分配 800 斤，超产 1000 斤；另一个中等劳力户叫徐元江，夫妻两个劳力和四个小孩，种麦子 5.7 亩，能收 2300 斤，交队参加分配 1100 斤，超产 1200 斤。这两户在队分配，口粮按三七开还照分。万书记问：“超产的给不给群众自己？”我说：“我们讲过的，超产给她，讲话算数”。万书记点头表示同意，并问：“那一户（指夏）有劳动力怎么超产这么多？”我说：“主要是请人帮忙。”万书记又问：“请人给不给报酬？”我说：“没有报酬，找的都是亲戚朋友。只管吃，有浪费，其实给他们吃回去还不止。还有田地孬好不同，这就靠抓阄子碰运气。”万书记笑说：“啊！抓阄子？老天保佑。”不仅如此，万书记也非常关心包产到户后基层干部的收入、生活情况，还详细地给基层干部算了收支生活账，并一一作了记录，最后还强调要搞好计划生育工作。

回来的路上，我们在车子里继续探讨了今后的水利建设与管理，粮食的征购、分成、留种以及生产管理等一系列问题。秋收后我们粗略统计一下，当年粮食产量相当于以往两年的收成，增长一倍以上。

1981 年 8 月纪登奎来到山南，见到我就拉着我的手说：“王书记，我犯错误了。三中全会后，中央发出的两个有关农业的文件是我审阅的，签了字的。前几年我思想保守，跟不上形势，现在我来向你们学习，感受感受。看到你们收了这么多粮食，可以吃多少年啊，我感到惭愧。”

（方晔整理）

金寨县金桥村林业家庭联产承包责任制

熊登凯

1961年曾希圣搞责任田时，金寨的农业和林业均将田和山分到了户。划责任山时我们基本上按每人一亩。生产队山场面积小的话，林户随着人口的增加在原先承包的基础上，生产队在荒山或远山中增加面积。当时规定：山是公社的，树是私人的；公社、大队、生产队用材不需审批，在林户间摊派不付钱；枝丫、树头、树根等归林户；农户用材需经本户申请、审批。后来省委要求改正责任田时，我们县将田一律并为集体，改正过来了。林业责任山只有金桥村没有改掉，始终是划给谁家管的山就是谁家的。那时我们金桥被说成是资本主义严重泛滥的地区。由于金桥有这种“特殊”的待遇，所以林农的积极性很高，对树木非常重视。谁家的责任山被挖了一棵树，他就会立即补种上，整个山上没有空的地方，覆盖率很高。虽然金桥的林业生产在全县范围内搞得最好，县委还是要求改正责任山，并回到集体。县委组织力量改正了多次，我们干部的工作也没有做好，所以改正工作也就没有进行下去。起初公社党委叫我们这些村干部停职检查，后来改为边工作边检查，最后干脆叫我们白天工作，晚上检查，我还被搞到猪场去喂了三年猪。

1979年全国搞真理标准大讨论时，县委召开会议，要求我们金桥村在大会上汇报搞责任山的经验。公社书记屈国太叫我把林业责任制的情况整理出书面材料，出头露面“试试”。我说：“你别害我了，你叫我搞出来，我不真成了典型的资本主义泛滥吗？”他诚恳地说：“你试试嘛！”我就将金桥搞林业责任制的前前后后以及林业生产的具体情况详细地写了书面材料在会上作了介绍。当时我心里很不踏实，不知道是祸还是福。1979 年到 1981 年之间，县委多次派人到各山区摸索情况并赴外地学习、考察。经过一段时间的调研，金桥村的林业责任制得到公开肯定。

1981 年县委开始搞林业“三定”工作，划分责任山和自留山。对责任山，要求山权归队，林农只有看管、护林的义务，没有所有权，但树木被砍伐后，树头、树根、树枝归看管的林农。一段时间后，责任山与自留山出现了明显的差距，划给林农的责任山远不如他们的自留山。林农栽树栽在自留山上，砍树砍在责任山上。自留山的树是越栽越稠，责任山的树是只砍不栽越砍越少，这样下去责任山就将成为光山。我们多次建议县委将“两山”合为“一山”，这个建议提到了县委书记何宗新那里。1982 年秋，县委书记何宗新带《安徽日报》记者来金桥察看了山林。后来《安徽日报》上刊登了有关林业责任制给森林带来前景的报道后，六安、青阳等地区都组织人员来金桥参观考察，给我们实行林业责任制吃了一颗定心丸。1983 年我们终于实施了“两山合一山”，将责任山一律改为自留山。“两山合一山”后，金桥林农造林、护林的积极性更高。一到造林时节，林农们不管上面计划在哪里造林，都纷纷到公社去争抢树秧。有时公社计划在别处造林，怕金桥的林农争抢树秧就将树秧锁在公社的仓库里，他们就翻窗、撬门去搞树秧。整个山上，哪家有个红白喜事，谁家晚上来个客人，别家的林户就会在山上坐着看护，提示过路的行人注意烟火，不要把山林点着了（那时没有电筒等灯具，晚上上山都得打个火把或提个灯笼）。直到外人离去，他们才敢回家。曹县长听说这一情况后，亲自去考察。他看到一对老夫妻，吃过晚饭就上山看树去了。1983 年至 1984 的两年间，县委计划安排每亩造多少林，金桥的林农总要比计划多造出一倍多。补林也是这样，林农实际补栽的也要比计划多出许多。所以，金桥村的造林一直为金寨之首，树木的覆盖率至今在全县还是数一数二。省林校讲师张余田实习时曾在我们这里蹲了一段时间，他说我们的林业搞得不错，后来叫他的学生也到我们这里看看，那年验收工作就是由他们的实习生来做的。学生说没有找出什么问题，只是提出林农树栽得太稠。我说："你们不知道，我们这里老百姓都是把树栽得稠稠密密的，栽稠树长得直，成材率高。"

省委提出林业建设和林业改革后，我们金桥村都积极响应，努力引导林农朝着经济林的方向发展。开始我们搞了一个试点，在林农朱允田家的八亩山上，将小的松树挖掉改种茶叶、板栗树等经济林作物。茶叶最低年收入有3000多元，高时8000多元，板栗收入也上万元。不仅自己增加了收入，还解决了一些闲置人员的劳动问题。现在他家虽然年轻人都外出做工，只有老两口在家看山护林，收获季节，老两口只要雇人劳动，依然收入不菲。试验成功后，我们大面积地改造荒山，发展经济林，增加林农的收入。如我们将稀疏林改为栽茶树、桑树、栗树等经济林。我们在带领林农改造荒山，发展经济林的同时，还在金桥村搞立体农业，在山上栽桑树，树下栽茶叶，茶叶里种蚕豆、花生，做到一季收三季。

金寨的农业责任制始于1979年开展真理标准讨论的时候。那时我正在县委党校学习，教员授课时告诉我们，农业要改革得从责任制入手。就在我们学习即将结束时，在金寨各区考察的县委书记常正英电话通知我们暂不结束，等他回来再说。他回来后通知我们责任制暂不搞，县委书记一句"暂不搞"，就把责任制给否定了。当时我想什么是真理？什么又是标准呢？领导的意识不就是真理？不就是标准吗？党校结业回来后我提出试试责任制，我们大队的会计曾在大公社担任过秘书，见识广，思想不落伍，他说："行。"我们的书记是位女同志，胆子小又不太识字，始终问："那行吗？"但是我们两人态度很坚定。那时村干部比现在多，一个村起码有八九个干部，党是党、政是政，我们就责任制怎么搞法、如何分配等问题经过认真的讨论，决定把生产队划成作业组，同时形成文字材料发到各生产队，规定作业组不能搞宗派组，不能搞种族组，不能官对官，也不能兵对兵；作业组可以单独核算，也可以队核算，作业组只承包土地、工分、产量，亏损、减产由承包人贴，多出部分归承包人。具体实施时，我们遇到最困难的问题就是土地的划分，有的说按人分，有的说按劳力分，不论哪种分法，都有其不足之处。最后我们决定将肥瘦的土地搭配开来按劳力、人口的比例分：即劳动力承包30%，人口承包70%，生产队为此专门成立了土地承包领导小组。田承包到组后，农民的积极性大大提高，粮食大幅度上升。1980年省里正式号召搞责任制，要求搞双层经营责任制。我们县当时没有跟上省里的步伐，没有经过双层经营的体制就直接分到了户。田分到户后，我们将生产队的公共财物如保管室、养蚕室向私人进行了拍卖，耕牛作价卖给了作业组，同时规定若再搞集体时，耕牛归生产队。

我认为金寨农业生产责任制搞得太急了，没有完全按照省里的要求去做，也没有合上省里的节拍，没有经过双层经营就直接包到了户。双层经营对农田基本建设有极大的好处。搞责任制后，农村的变化非常大，处处展现出新的景象。过去办人民公社时生产队的田的四周是越来越圆，田埂是越变越宽，搞责任制后田重新被犁宽了，田埂也变窄了，连田埂上的荒草也被利用来沤肥；人民公社时几乎看不到拾粪的人，搞责任制后拾粪的农民又多了起来；人民公社时土地逐年减产，农民生活越来越差，搞责任制后土地增产了，农民增收了，生活越过越好。再就是在人民公社时，农民一直使用的是几十年前甚至几百年前延续下来的作物品种和耕作方法。土地分到户后，除了一些年纪大、思想比较保守的农民还使用老的种子和老的耕作方法外，年轻的农民开始注重肥料、耕作方法和种子的选择。一个生产队只要有二三五户年轻人，他们选择了优良品种、改进了耕作方法，很快就带动了整个队。整个责任制从协作组到包到户，我们一共用了三年时间才逐步完善。

（方晔整理）

凤阳县小岗村包干到户的一些情况

严俊昌　严宏昌　严立学等

我们为什么要搞大包干?

过去我们是以生产队为单位，整个小岗村就是一个生产队。小岗村成立生产队后，一年一批各种各样的宣传队、工作组进入村里，他们来了对小岗村基本上没有什么帮助，危害很大。主要的害处是他们口头上是来抓生产的，实际上是来抓阶级斗争和“斗私批修”。特别是1975年以后，是以政治挂帅，根本不搞什么生产，只叫我们小岗社员搞些什么“新人”、“新事”、作诗和赛诗，等等。每个社员都要作诗，哪个人今天作不出诗来，他就没有工分，而且还要挨批斗。我们是劳动人民，是要在地里干活流汗的，每天在家赛诗，同志们想想，我们能赛出粮食吗！但你不作诗就不给你工分，你作出了一首诗，给你十分工，可这个工分（没有粮食）又能起到什么作用。我们大多数都是没有什么文化的农民，那时没有文化也得作诗。都作了些什么诗呢，如：一头葱，一头菜，一起能卖个七八块，哪有心思学大寨；整天围着孩子转，集体生产不想干，哪个有心思学大寨；小炉匠、小炉匠，东村挑到西庄上，一天都能挣七八块，哪有心思学大寨；我一腿粗、我一腿细，不能立锹，我能挖地，等等，这些在当时就算是作诗了。就这样赛诗一直赛到秋天，最后不了了之，一年的光景都赛空了。农民是要靠自己的汗水在这块土地上换粮食，我们村搞了一年的赛诗，搞了一个空，吃了一年的救济粮。

1978年秋，小岗开始选拔干部。由于群众的要求，在严学昌家召开的全体社员选举村干部的会议上，选举结果严俊昌、严宏昌、严立学被选上。当时还要再往下选其他干部时，有人提出：不要再选了，干部越多越乱。小岗队总共20户，百十来口人，上届干部就有八九人（队长、副队长、民兵排长、妇女队长、指导员等）。20户人家，有两户是单身汉，在18户中，有干部的户就占一半。一到分救济、供应时，队里领导班子分配不好，一吵就吵翻了天，有时为了二三分钱的救济款都要争吵十天半个月，结果什么事都定不下，那个时候就是这样的状况。所以在这次选干部时，我们只要三个人（一个人负责上面去开开会，家里留有一人负责指导生产，另一个把会计工作搞搞好）。最后，这样村里干部就定下来：严俊昌当队长、严宏昌当副队长、严立学为会计。我们被选为干部后，关庭仆（18户之一）对我们说：就看你们的了，你们可要带着我们干呀，搞上两顿稀饭喝喝。这句话把我们的眼泪水都说下来了，一个60多岁的人，对我们所抱的最大的希望就是每天能有两顿稀饭。

我们接手时，生产队集体经济是寥寥无几。队里的牛，只有三四头小牛犊，大一点能犁地的牛都没有。因为生产队干部是一年换一茬，不停地更换队长，新上台的人都把大牛拉出去卖掉，以卖的两三百块钱做经费；小牛不值钱，只能卖二三十块钱，所以队里只剩下小牛了。犁呢，生产队里只有一个半犁，一个犁只有犁头没有犁身。耙呢，耙也不管使了。生产队几间破仓库有门无锁，里面除了东山墙上挂着一只装粮食的麻袋、地上一只小芭斗、一杆大秤和门边一堆垃圾外，几乎什么都没有，这些就是整个生产队的家当。作为农民，最基本的生产工具、生产资料都没有，这可怎么弄呢？

1978年秋种小麦的时候，村子里的人基本上都外出要饭了，除了我们干部外就只剩下五个老头（关庭珠、严秀昌、严家生、严有怀、严家其）。几个老头饿得也是非常可怜，关庭珠饿得多走几步路都喘不过气来。那时我们实在没有办法再这样过下去了，凡是有良心的人都是看不下去的。我们想这怎么弄呢？我们经历过20世纪60年代的三年困难，那时刘少奇搞“三自一包”、“四大自由”，容许我们搞责任田，社员干活的积极性很高，我们有了饭吃，对这些事情我们是记忆犹新。我们这么多年没有干好的原因就是生产体制的问题，挫伤了大家的积极性，导致大家没干劲。我们队干部一起商量决定：首要一条，增加自留地，解决吃饭的问题，吸引劳动力，拴住他们在家里不出去要饭。这个决定通知社员后，社员都愿意这样做。结果是农民分到自留地后，用锹挖、用镐子刨，男女老少都去干。可是集体劳动的号子一吹，他们到了集体的地里把锹一放，这个说：我都累死了；那个说：我怎么怎么样等。结果他们是在自己家的自留地里累得不得了，到集体地里就没有劲了，锹在集体的地里弄了半天也挖不出一点土。看到这种情况，我们感到集体生产劳动真是难干，群众当时的思想只有这个境界。他们在自己的自留地里，男女老少齐上阵，白天黑夜地干；到集体的地里是站的站、蹲的蹲、看的看，有的把锹插在地里，身子往上一靠就是半天。

人心散了，捆得越大越不好干，这可怎么办？后经商讨，我们决定把一个队分成东西两个队，并给公社写了个分队的报告，结果公社领导不批。这时，正值县、社党委贯彻落实“省委六条”规定精神，要求我们搞队为基础、一组四定。趁这股东风，我们就把生产队分成了两个组。队里有12间牛房，分给东头组六间、西头组六间，还有一些东西也都分成两部分，村干部是按抓阄分到各组的。如果当时两个组能搞好，我们也不会分到户。那时村里大部分人都在外面要饭，而在家里吃的都是野菜，他们要惯了饭的人在外面吃的是粮食，回来后吃不惯野菜，两天一吃他们就撑不住了。加上组里在分配干活等方面又出现了许多矛盾，他们又出去要饭了。我们看这样下去还是不行，只好再往下划，每一个组再划成两个小一点的组，生产队就变成了四个组。麻雀虽小，却五脏俱全，谁知分成四个组后，矛盾更多。因上工早迟、计分多少、分工不合理等天天吵闹，甚至动手打的都有，真是俗话说的“穷争饿吵”。最后，只好是四个组又变成了八个组。

我们包到户是怎么搞的呢？

生产队分成八个组后，我们采取瞒上不瞒下的办法，即对上报是分成四个组，实际是八个组。八个组基本上是“被窝里划拳——不掺外手”，多是父子组、兄弟组，这样劳动生产积极性提高了一步，各小组搞秋种的自觉性也强了。劳动力不足的，就老人、半劳力一齐上工干等。但时隔不长，兄弟之间、妯娌之间又产生了矛盾，争吵又常发生。这时不少老农都认为：20 世纪 50 年代，土地分到各家各户，干得火红，家家衣食足，那时是我们小岗村的黄金时代。搞了人民公社以后，我们就饿肚子了，就没有搞好过。现在还不如像 50 年代那样，各干各的，什么矛盾也没有。“分田单干”，这是当时年龄较大的人在一起唠家常说的一句话。同时也有人认为，这条路（单干）好是好，可谁都不敢搞，但不走这条路就搞不到饭吃。我们几个队干部也怕，可是我们实在是穷得无路可走了，大集体干不好，分到组还是干不好，不如分到户，什么矛盾也没有了。我们商量，先了解一下大家的意见。严宏昌到一户人家说：“土地分到各家各户去，你看可管？”他说：“你搞这个，这条路不能走，这要是倒了霉是不得了的事。”但是，我们通过了解，多数都愿意分到户干。当时我们队里还有农业学大寨、斗私批修宣传队，这件事要做确实不太容易。于是我们下定决心：为了大家能有口饭吃，先瞒上不瞒下，分到户干一年。到时候，人人都能吃饱饭，又能完成国家的征购任务，比什么都好。万一事情败露，我们干部就去坐牢也心甘情愿，因为我们对得起全队父老兄弟，没给上辈祖先和下辈后代丢脸。

为搞这事（包到户），我们还利用各种形式征求了群众的意见，认真地统计了近些年来，队里 18 户人家饿死了多少人，现在还剩多少人等材料，并开始招呼所有在外面要饭的人回来，已回来的就叫他们家里当事的男人不要再外出了。我们记得是过大年不久，正月十五之前，在外面要饭的人基本都来家了，有天早晨，我们把 18 户农民找来在严学昌家开会，一起商量这个事，大家为了活命都同意。当时开会时还差关友德、严国昌两人，这两人是单身汉，外出到江西要饭，联系不上没能回来。对包到户大家为什么这么热情？反过来说户户都一个样，大家都想活。会上大家都非常害怕事情暴露出去，所以就在一起诅咒、发誓等。严学昌在会上还说：谁要是讲出去了，不是他妈养的。十几户人一口气回答：对，不是他妈养的。大家都说要死我们也死在一块，豁出去了。当时我们几个人，心里非常感动。就这样，我们分开（包到户）了。

事后不久，不知道是哪里出了问题，我们的事被泄露了出去。一次公社召开各生产队队长会议，是严俊昌去的，公社干部叫他到公社书记办公室去。公社张书记问："听群众反映，你们分田单干了？"严俊昌说："张书记，你听他们说的，我们可有这个胆子，那是胡扯的。"就这样把这事给糊弄过去了。过了十来天，我们为了春耕的种子、牛草、化肥和贷款等事到公社去，公社张书记又找到我们说："你们今天必须向党组织讲真话，你们今天如果不说，小岗村的牛草、化肥、种子和贷款等一律不给你们。从今天起，共产党的一切待遇，没有小岗村的，我看你们可能离开中央跑到台湾去了？一旦我们查清楚了，你们要负责。"我们当时吓得不敢作声。回来后，我们马上向下传达："从今天起，党的一切待遇我们小岗村没有了。"当时有人说："没有牛犁田怎么办？"关庭珠说："我们用揪挖、刨子刨，还能刨不够吗？"后来大家一致赞同我们不变。就这样，我们连抗了三天，公社也找不到什么证据。但是上面不断地传话"你们要向党讲实话"。我们有些不管了（抗不住）。到了第四天，张书记又找到我们说："你们这是反对社会主义，国家没有这个政策。"我们说："张书记，我们确实应该向你反映，向你讲实话。"后来我们就讲了实话，他当时听了以后也很同情我们，他说："我家也是农村的，我也想这样搞，但是国家没有政策。如果国家允许我们这样做，就是半夜，那个龟孙子不立即给你们送喜报去？但现在你们立即并起来。"我们说："杀了我们头，我们也没法并。但你放心，就是把枪对着我们，我们也不会歪怪到你。"他当时把两只手噼里啪啦地打着说："就凭你们这几句话，我就是跳到大海里也洗不清。我是一级政府，党能相信你们这几句话吗？"没办法，后来他只好到县里去汇报了。

县委陈庭元书记知道后十分重视，专程从县里来我们公社并同公社张书记一起到了小岗。他们到了小岗后，当时没找到我们队干部，在地里看到了大队的文书（那时公社领导只认识大队干部和生产队干部，对大队的文书和生产队的社员打交道比较少，不是很熟悉）正在地里做活，陈书记就问："你这个组里怎么就你们两个干活，那人是谁？"文书说："是我爱人，我们一家都在这里干活。"陈书记听后说："噢，我知道了（知道我们确实是单干）。"后来陈书记找到了我们，他一边察看地里庄稼长势，一边询问我们的情况。我们对陈书记说："我们是穷到底了，已是没有任何办法。"我们并向陈书记表态：干得好就向党汇报，干不好我们立即把地收回来。同时我们也乘这个机会赶紧向陈书记哀求："陈书记，公社现在把我们什么（党的优惠政策）都扣掉了，其他我们不要就算了，我们没有种子怎么办？"陈书记当即就同意给我们种子。得到同意，我们立即叫严立学到公社去领稻种子。种子领回来后，我们赶紧就下地播种。陈书记同意给我们种子，在当时就是对我们最大的支持。

俗话说，一年四季在于春，春天如果干不好的话，我们一年就算是前功尽弃了，我们怎么向党交代？以后再不能出去要饭，也不能吃救济，哪怕在家吃树皮，我们也要坚持生产。我们相信，我们一定能干好。接着我们又播种了花生，由于我们分田到户后，大家的积极性都调动起来，干劲十足，再加上领导给予我们的关心，我们借着天时、地利、人和，那一年我们种的花生平均每亩500多斤，有的一亩甚至收600斤以上。10斤花生就能剥出5—6斤花生米，收成非常好。拔出一颗花生秧，就带出一大串果实，没有人看到不吃惊的。当年庄稼也长得非常好，邻近的生产队没有哪个人不想跟着小岗村学。每次去公社开会，我们觉得脸上有了光彩。别的队干部都嗷嗷叫，找到公社党委我们为什么不能跟小岗学，小岗管干，我们为什么不管干呢？公社书记说："哪个能找到头子批，我就让你们干。没有陈庭元的批准，谁敢干？"

当时的情况的确是这样，就拿我们来说，当时没有陈庭元书记的支持，我们真干不下去。

陈庭元书记真正是一个好人，他时常都是在下面跑。我们队干部那时不仅要在队里忙，还要下地干活。他下来察看到我们家里时，看到家里大人不在小孩子还饿着肚子，就揭开锅，亲自盛饭给小孩吃，再转到地里告诉我们：你们安心干吧，我已把孩子喂饱了。那时他给予我们精神上的最大支持，让我们非常感动。这件事（包干到户）发展到后来有点顶不住了，陈书记再来我们这里，我们看到他的脸色有点不太对劲，对他说："陈书记，这条路是不是走不通？我们死了不要紧，你陈书记倒霉我们是死了都不能闭眼，我们不能牵连你啊！"他说："你们不要管这些，你们稳住车把，没有什么事。"我们说："出门看天气，进门看脸色，我们看你的精神不太好。"他听了我们的话后叹口气说："我看这才是我们农村的出路，才能解决农民的吃饭问题。但有人反对，说是走资本主义，说我们反对社会主义。"当时社会上确实有人这样说："辛辛苦苦几十年，一夜回到解放前"（指一晚上就推翻了社会主义集体制度，单干了）。这顶大帽子就给我们加了上来。

记得有一天严俊昌家在盖房子，那时晚饭还没吃，公社召集各生产队干部到社里开会，公社党委的人保组长对我们说："你们这路走不通了，陈庭元已经在电话里做了检讨，你们立即回去并起来。"我们当时就发火了，说："你们一呼隆就去把它挖掉算了。"我们正在发愁的时候，地委王郁昭书记来到了小岗村，并到了严俊昌家。当时严俊昌不知道他是谁。他对严俊昌说："你可是严俊昌同志？"严俊昌说："你是谁？"他说："你不要问我是谁，你跟我谈谈。"谈话后，他又要严俊昌领着到村里的各家看看。看过后，我们把他送到村边的路上。当时我们看到不远处另一条路边上停着一辆黑色的小轿车，我们感到挺别扭的。他走了以后，我们心里就直犯嘀咕，有车肯定是大官，虽说我们也不是怕死，但是大家心里还是不踏实。后来听说他回去后就开了常委会议，会上他支持陈庭元说：我找到生产队长，他们不要国家的救济，靠自己搞生产。过了一段时间，他又来到小岗村，找到我们说："我是地委书记王郁昭，哪个要是说你们，你们就说是王郁昭叫我们干的。”

后来这个事情又捅到省委第一书记万里那里。万里书记要来小岗，陈庭元书记事先来到村里对我们说：万书记要来，有喜有忧，现在就看万里怎么说了。1980 年 1 月 24 日上午，万里书记来了，他是直接到农户家中了解和询问情况，连看了三家。在到社员严立坤家时，陪同万里书记的同志指着我们向他逐一介绍。当时万里书记对严俊昌说的第一句话：“你可是共产党员？”严俊昌说：“我还不是共产党员。”万里书记接着说：“中国有这么多共产党员，为什么不敢组织起来干呢？怕掉了头上的乌纱帽。我们早就想这么干了，就是没人敢带这个头。”听到万里书记说这句话后，我们就知道不会倒霉了。我们即刻向万里书记作揖，并说：“万书记，你可来了，你可要给我们做主呵！”万里说：“行！”接着我们向万里书记详细地介绍了我们村近几年中饿死了多少人，减少了多少户，包干到户前后生产情况等。万里书记听着，当时就流下泪来，说：“我们打下江山就是为了让人民过上好日子，结果饿死了，我们怎么向人民交代？”对万里书记的到来老百姓是非常欢迎，不少社员到田里去刨花生送来给万里书记。当时万里对我们说：“今天我可没有带钱，这个花生我没钱吃。”我们说：“万书记，这个花生不要钱。”他说：“不要钱，那我就尝尝。”旁边一个警卫上来说：“万书记，你不能尝，这样不安全。”万里书记说：“我们爱人民，处处有人民保护我们。”万里这句话说得非常感人。我们赶紧说：“小岗没有阶级斗争，没有阶级敌人。”当时有两个警卫，万里书记走到哪里就跟到哪里。万里书记对他们说：“我们有群众保护，你们跟着我干什么？”万里书记看了我们的实际情况后很满意，在万里书记还没上车之前，我们急忙对万里书记说：“你不给我们发红头文件，你走了，地方上如把我们搞死了，我们上哪去申冤？但是我们向你保证，三年之内，如果没有天灾，我们不要国家救济，不向国家伸一次手。”万里书记马上就说：“谁要是反对你们，你们就问他：‘你有什么好办法？你的办法比我们的办法强，你的贡献大，我们就学你的；你要是想不出好的办法，你就不要反对我们，得学我们的。’你们只要是为党、为人民，就是死了，比泰山还重。”万里书记一上车就将车门窗摇下来，并把手伸出来拉住我们的手说："第一，记住切切不要说假话，实事求是地向党汇报。这么多人怎么死的，就是说假话死的。第二，搞好养殖、到年底杀一头肥猪，过个幸福、愉快的春节。第三，户户都要有余粮，我们希望我们农民都能吃饱穿暖。我到国外去访问，哪还有人吃不饱的，户户都有小轿车。"这时不知道旁边哪一个人说：小岗村我们可管学。万里指着陈庭元说："陈书记，你看学小岗可有害处，如果没有害处谁学谁就学，但是你们不能念紧箍咒。"最后还说："我希望你们农民户户都能有余粮，人人都能有饭吃。"这是万里书记说到我们农民心坎的真心话。

就这样，我们小岗的包干到户得到了省委第一书记万里的肯定和支持。

（夏和朋整理）

后 记

为庆祝改革开放40周年，原中央党史研究室组织地方党史部门对征集到的一些领导同志、亲历者的口述史进行整理，选取反映地方贯彻落实党中央改革开放重大决策部署中具有全国意义或地方特色的典型事件的史料，编辑为“改革开放口述史”丛书。

本丛书在策划、选稿、编辑、出版过程中，得到各位作者和地方党史部门的大力支持。原中央党史研究室主任曲青山和副主任吴德刚给予了精心指导，并分别担任编委会主任和副主任。中共党史出版社的领导和编辑们为本丛书的编辑、出版付出了艰辛的劳动。在此表示衷心感谢。

由于工作繁忙，编辑时间紧迫，编者水平有限，书中难免存在不当之处，欢迎广大读者提出宝贵意见。

编 者

2018 年 11 月